LES Fastes de l'Eglise

Récits D'UN SIÈCLE

L. Le Leu

H. & L. CASTERMAN
ÉDITEURS

RÉCITS
D'UN SIÈCLE

N° 10 des Fastes de l'Eglise

LES FASTES DE L'ÉGLISE

VOLUMES PARUS

1. *La Promesse accomplie.*
2. *Rédemption.*
3. *L'Enfant du Tonnerre.*
4. *Le Glaive et les Clefs.*
5. *La Semence sanglante.*
6. *Les Pieds maudits.*
7. *L'Ange du Feu.*
8. *La Voie mystérieuse.*
9. *Les Défenseurs du Christ.*
10. *Récits d'un siècle.*
11. *Le Triomphe de la Croix.*
12. *L'Agonie d'un monde.*

Un corbeau croassa dans le feuillage, le romain leva la tête
et vit celui qu'il attendait. (P. 21.)

RÉCITS D'UN SIÈCLE

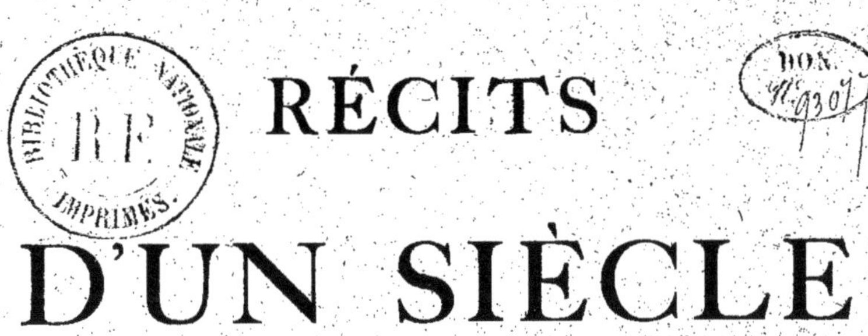

PAR

L. Le Leu

H. & L. CASTERMAN
ÉDITEURS PONTIFICAUX
Paris, Rue Bonaparte, 66 — Tournai (Belgique)

SOMMAIRE HISTORIQUE DU VOLUME.

Extension de l'Eglise dans le monde entier. — Les martyrs des Gaules. — Les soldats martyrs. — Les grands écrivains ecclésiastiques. — Coup d'œil général sur l'ensemble des dix persécutions. — Chronologie des papes et des empereurs romains de saint Victor à saint Marcellin et de Commode à Dioclétien. — La veille de la pacification de l'Eglise. — De 185 à 304.

IMPRIMATUR.

Tornaci, die 8ᵃ Novembris 1899.

J. HUBERLAND, *can. cens. lib.*

INTRODUCTION

Après avoir assisté aux premiers éclats de l'Idée chrétienne au foyer de la civilisation romaine, nous allons la voir rayonner sur l'Univers et épanouir ses rameaux florescents sur les rives étrangères où la barbarie est assise encore en ses ombres à peine ouvertes au progrès par les incursions victorieuses et colonisatrices des Césars.

« La religion du Christ, dit Sulpice Sévère, ne fut embrassée qu'assez tard dans les Gaules. »

Mais, avant d'y être embrassée, elle y fut prêchée et semée par de nombreux apôtres issus du berceau même de la foi.

Lazare et Marie-Madeleine étaient venus, en effet, évangéliser *Massilia*,[1] Trophime était venu à Arles, Crescent à *Vindobona*,[2] Denys à *Lutetia Parisiorum*[3] et Polycarpe, l'illustre évêque de Smyrne et le disciple de Jean le Théologue, qui avait reposé sur la poitrine du Seigneur lui-même, avait envoyé des missionnaires dans la Gaule romaine, à *Lugdunvm*.[4]

(1) Marseille.
(2) Vienne en Dauphiné.
(3) Paris.
(4) Lyon. Voir le volume neuf. — *Les Défenseurs du Christ.*

Mais la terre des Gaules, qui devait devenir si féconde, n'allait pouvoir porter des fruits qu'à force de culture et de semailles sanglantes.

Ce sol affreux dévorait ses apôtres, les vouant aux bûchers, aux bêtes des amphithéâtres, aux tortures de toutes sortes.

C'était moins du tribunal des proconsuls romains que partait la sentence que du cœur obscur, féroce et haineux de la populace, à qui le nom du Christ et la foi des chrétiens étaient également odieux.

Les pionniers de l'Evangile arrivaient sur un sol déjà encombré par les autels nouveaux du polythéisme grec et romain imposé aux Gaules par les vainqueurs, après la conquête de Jules César.

Cet ennemi, déjà tant de fois combattu par les apôtres du Christ, depuis deux siècles, au cœur même de sa vitalité, dans cette Rome, boulevard inexpugnable de toutes les turpitudes olympiennes, était plus terrible à combattre sur cette terre de Gaule où il avait trouvé un vieux tronc pour se greffer, dans les restes altérés du druidisme antique et indéracinable; il semblait que cette vieille souche lui donnât, comme au gui parasite des vieux chênes sur lesquels il verdoie malgré leur décrépitude, une force et une verdeur semblables à une résurrection.

Dans les mystérieuses forêts, autour des autels sanglants de Teutatès, grondaient encore les rages désespérées d'un patriotisme aux abois qui sentait lui échapper, à la fois, ses dieux et son sol.

Parfois, de terribles révoltes éclataient comme des tempêtes impuissantes que calmaient les légions romaines qui parcouraient toutes les provinces gauloises, défrichaient les antiques et sombres forêts, citadelles du culte ancien et repaires profonds de la liberté expirante, construisant des camps formidables et des bastilles militaires, traçant des voies immenses pour les troupes et leurs bagages et semant à pleines mains les idées du vieux monde, avec son langage, ses mœurs et ses corruptions.

Déjà, la Grêce y avait accordé les sept cordes de sa lyre, et, à *Lugdunum* même, sur cette illustre colline de Fourvières, une « Ecole de la sagesse » s'était ouverte à l'instar du Portique athénien.

Là, on cultivait les arts, les lettres et la philosophie, et les romains, en faisant de Lugdunum la capitale des Gaules conquises, n'avaient eu qu'à bâtir sur un sol déjà préparé.

Les Gaulois, eux-mêmes, avaient pris goût aux belles manières des vainqueurs et fournissaient des avocats et des rhéteurs, des médecins et des artistes qui y affluaient en foule comme des papillons éblouis par le rayonnement des gloires intellectuelles de Rome et de l'Asie.

Ainsi, ce peuple généreux et plein d'une jeunesse farouche empoisonnait sa virilité superbe à la table corrompue d'une société déjà frappée au cœur par le ver du tombeau entr'ouvert sous ses pas épuisés par la gloire et la volupté.

Le peuple, toutefois, gardait au cœur la dignité sauvage de sa race sanguinaire.

Un instant indécis devant la métamorphose subite de son atmosphère, il avait accueilli la tutelle romaine au nom de la corruption facile que prêchait Epicure et du sang fumant que buvait l'arène de ses amphithéâtres.

Dans le *panem et circenses* il avait reconnu une devise qui pouvait aller à son cœur de brute à peine éveillé à la conscience du beau.

Mais l'Occident sauvage ne pouvait ainsi absorber le

poison sans que le divin Médecin lui envoyât le remède à ses maux qui germaient sous les pas des vainqueurs.

De l'Orient sacré, porté sur l'aile de fer du démon des conquêtes, volait le regard de la Lumière et le rayon chrétien de l'aube rédemptrice.

Sur cette terre, le grain de sénevé du royaume de Dieu par le Christ, était semé par des saints d'Asie qui, bientôt, appelèrent à leur aide d'autres frères dévoués pour préparer la future et généreuse moisson.

Vers le milieu du second siècle, l'illustre vieillard Pothynus en compagnie du jeune Irénée, son bâton de vieillesse et déjà un savant et éloquent docteur, arrivait de Smyrne avec des prêtres pour annoncer à Lugdunum la bonne nouvelle de Jésus-Christ.

Lugdunum et Vindobona, en effet, devaient, grâce à eux, devenir le centre rayonnant de la foi dans les Gaules et garder au front l'immortel cachet de cette illustre et sainte origine.

Lyon est resté la ville sainte des Gaules, et sa terre généreusement engraissée par le sang des plus illustres et des plus glorieux martyrs, fume toujours comme un encensoir et produit sans cesse des vertus dont l'élan généreux va, chaque jour, jusqu'aux confins de l'univers, sur l'aile de la vapeur qui fend l'air et les flots, éveiller pour la lumière et pour la vie, les peuples qui n'ont point encore, après dix-huit cents ans, entendu l'appel vibrant du Verbe et la voix du Christ, Agneau et Pasteur du troupeau nouveau, Victime et Pontife de l'Autel Eternel.

RÉCITS

D'UN SIÈCLE

PREMIÈRE PARTIE

LE SANG DES GAULES.

I

LUGDUNUM.

Le soleil avait parcouru la moitié de sa course; éclatant dans un ciel sans nuage, rare à Lugdunum, il lançait ses flèches lumineuses sur la ville romaine paresseusement étalée, en sa blancheur de pierre, sur le penchant de la colline, pleine de villas, de temples et d'autels, de colonnes et de statues, dominée par le *Forum Veneris*[1] dont les colonnades et les portiques lui faisaient une couronne.

A cette heure du jour, la vie romaine faisait la sieste. Le Forum était déserté par les marchands, les poètes et les orateurs; les rues opulentes, presque silencieuses, étaient à peine troublées par le passage de quelques légionnaires allant à leur quartier ou en revenant, le visage en sueur

---

(1) Ou *Forum Vetus* d'où le nom de Fourvière resté à la colline illustre dans nos temps contemporains par sa basilique.

sous leur casque pesant, sur le fer poli duquel le soleil allumait des foyers de vives étincelles.

Les faubourgs, seuls, présentaient quelque animation à cause d'une population de bateliers qui, incessamment, chargeaient ou déchargeaient les marchandises qu'apportaient ou emportaient des bateaux nombreux sillonnant journellement les eaux du Rhodanus et de l'Arar qui baignaient les pieds de la colline.

A demi-nus, la peau brûlée par le soleil, ils formaient l'élément le plus actif du commerce de la cité romaine dans laquelle ils déchargeaient les précieuses marchandises arrivées de l'Asie ou dont ils emportaient les rebuts pour aller les répandre dans le reste de la province.

Du terre-plein du Forum, le regard qui interrogeait les environs, embrassait un superbe spectacle; le génie de Rome avait métamorphosé ce pays qui appartenait, au VIe siècle avant notre ère, aux Segusiaves, peuple gaulois répandu depuis le *Rhodanus* jusqu'à la Loire dont le territoire était habité, à cette époque, par deux tribus de la confédération des Eduens; les *Segusiaves*, qui avaient leur grand marché à *Forum Segusiavorum*,[1] dans la région de *Rodumna*,[2] étaient une de ces tribus.

C'était vers ce temps qu'une colonie phénicienne ou rhodienne était venu se fixer au confluent du *Rhodanus* et de l'*Arar*,[3] à l'endroit appelé *Lugdunum*, déjà habité par quelques familles et, à l'arrivée des romains, ville mixte et capitale des Segusiaves.

C'était en 43 avant notre ère que le proconsul Munatius Plancus était venu, envoyé par le sénat de Rome, bâtir des habitations permanentes pour la colonie romaine que les

-----

(1) Aujourd'hui le Forez, le Feurs du moyen-âge.
(2) Roanne.
(3) La Saône.

Allobroges avaient chassée de Vindobona pendant les guerres de César et de Pompée et qui s'était réfugiée en face du confluent de Rhodanus et l'Arar sur la colline du Forum Veneris.

Telle avait été l'origine de la ville romaine qui n'avait pas tardé à prendre de grands développements et à englober la ville primitive.

Agrippa en avait fait le point de jonction des quatre grandes voies dont il avait ordonné la construction à travers la Gaule.

Auguste y avait séjourné trois ans dans un palais où devaient naître, plus tard, Claude et Caracalla. Par lui, la ville avait été dotée de riches monuments; il y avait fixé le siège de l'assemblée annuelle des députés des « Trois provinces » ou des soixante cités de la Gaule chevelue et la résidence des gouverneurs.

De ce chef, Lyon était devenu le centre national du culte de Rome et d'Auguste qui avait donné lieu à l'érection d'un grand monument et à des institutions qui devaient porter à un haut degré la splendeur de l'antique Lugdunum.[1]

Le regard qui partait du Forum Vetus voyait s'élever sur la presqu'île formée par le Rhodanus et l'Arar à l'endroit nommé « le Confluent, *ad Confluentes*, » un autel colossal portant l'inscription dédicatoire : A ROME ET A AUGUSTE : ROMÆ ET AUGUSTO.[2]

Chaque année, au premier août, se célébraient des solennités religieuses magnifiques dont cet autel était comme le centre sacré. Ces fêtes coïncidaient avec de grands marchés, et les jeux de toute sorte au cirque et ailleurs, les concours de poésie et d'éloquence alternaient avec les processions et les sacrifices.

(1) Joanne. *Dict. Géogr.*
(2) Les monnaies nous ont conservé l'image de cet autel.

C'étaient là les jours saints des grandes solennités nationales, à la fois gauloises et romaines.

Lugdunum offrait, alors, un merveilleux spectacle. Au-dessus du champ de foire, à mi-côté de la colline qui le dominait s'élevait, orienté vers l'Italie, ce splendide autel national de Rome et d'Auguste, merveille décorée de richesse et de magnificence.

Sur un soubassement de marbre, long de cinquante mètres, l'autel de marbre se dressait, éclatant de précieux ornements.

Deux victoires colossales dont le bronze doré étincelait comme une masse d'or pur, s'élevaient à ses côtés, les ailes éployées et tenant entre leurs mains de grandes palmes et des couronnes d'or; leurs pieds agiles posaient sur des piédestaux de trente pieds de hauteur en granit gris d'Egypte surmontés de chapitaux coniques de porphyre.

D'un côté de l'autel, un temple de marbre, de l'autre côté, un amphithéâtre à la colossale ellipse propre aux combats de gladiateurs et de bêtes féroces, aux courses de chars et aux naumachies; au fond, un horizon de bois verdoyants et touffus et, tout autour et par devant, des jardins, des pièces d'eau, des statues : les statues colossales de Rome et d'Auguste, les statues des soixante cités, les statues de tous les empereurs, de tous les princes, d'innombrables grands personnages, de nombreux hauts fonctionnaires, les statues des prêtres et de leurs proches, groupées sur de longs stylobates, tantôt rectilignes, tantôt en forme d'hémicycle. Statues de bronze doré, ou de bronze noir, statues de marbre, statues équestres, statues pédestres, statues innombrables de toute taille et de toute forme, ce peuple immobile accueillait, chaque année, dans ses rangs, les membres empressés de l'assemblée des Gaules, choisie et composée des délégués de toutes les cités, pris dans les rangs les plus élevés et les plus riches de la noblesse gauloise, assemblée destinée à supplanter les anciennes réunions nationales des druides et des chefs.

Pendant un mois, au milieu du plus imposant concours de peuple, les solennités se prolongeaient sous la haute intendance du « Conseil des Gaules » composé de soixante-quatre délégués représentant chacun une des cités de la Gaule propre et choisis par le sénat de leur ville, parmi les citoyens les plus honorables, souvent anciens magistrats.

Du reste, les habitants de Lugdunum jouissaient déjà du privilège de pouvoir être admis au sénat de Rome, lorsqu'en 48, l'empereur Claude[1] étendit cette prérogative à toute la Gaule.

Mais, déjà, Lugdunum avait dû au destin d'autres embellissements et d'autres métamorphoses, car un immense incendie ayant détruit entièrement, en 59, la ville romaine, Néron avait dû la rebâtir plus belle, et, sous Trajan, Adrien et Antonin le Pieux, elle avait encore gagné en splendeur.[2]

La vue que l'on découvrait du plateau du Forum était des plus belles, alors comme aujourd'hui encore.

On apercevait, au sud, dans un lointain bleuâtre, le sommet du mont Pilat toujours enveloppé de brumes; à l'ouest, le massif verdoyant du Mont-Izeron, laissant entre lui et la chaîne du Mont-d'Or une fraîche et verte vallée; à l'est, la plaine des Dauphiné s'étendant à perte de vue, limitée à l'horizon par les montagnes de Grenoble et les Alpes.

A travers cet immense espace, miroitait d'un côté la traînée lumineuse du Rhône qui descend à flots pressés du lac Léman; de l'autre serpentaient les gracieuses sinuosités de la Saône.

(1) Le texte de ce discours gravé sur des tables de bronze a été retrouvé en partie en 1528 et complété à l'aide des *annales* de Tacite.

(2) Allmeyr et Jullian : *Gallia.*

Mais, alors, contrairement à aujourd'hui, tout cet horizon de plaines et de monts était couvert de vastes forêts qui puisaient une excessive vigueur dans l'humidité du sol. Sur ces terres sans valeur voyageaient les huttes des gaulois nomades qui se transportaient d'endroit en endroit selon les nécessités de l'élevage de leurs troupeaux.

Deux villes, en effet, bien différentes s'élevaient sur l'emplacement de Lyon moderne, à cette époque, l'une qui était un diminutif de Rome, occupait la colline de Fourvière, c'était Lugdunum la romaine, surnommée *Copia* à cause de ses richesses, l'autre occupait le flanc de la colline de la Croix rousse, et c'était la cité gauloise encore farouche à ses heures et fièrement drapée dans le lambeau de liberté que César et Auguste avaient voulu lui laisser comme un hochet dérisoire et fatal.

Rome le croyait, du moins.

La Gaule n'était que subjuguée, elle n'était pas soumise, au fond de son cœur grondait toujours comme en un farouche volcan, la lave de l'indépendance prête à déborder avec rage.

La seule incapacité des Gaulois à se créer un gouvernement assez un et assez complet pour organiser avec succès la défense nationale, secondait la politique romaine.

Mais ce sol druidique n'était pas muet, et toutes ses voix chantaient la liberté, celles des forêts, les voix des flots, celles des tempêtes.

La religion antique allait enfanter de nouveaux ennemis aux Romains, réunir les débris de son sacerdoce, susciter des bardes, des orates, des druides qui sortiraient des bois et des cavernes pour apparaître dans les cités, hiérophantes sanglants des vieux sacrifices humains, rénovation d'horreur sur des autels affreux un instant oubliés et que la foule assiégerait de ses vœux en délire.

Les collèges des prêtresses se reconstituaient; la nuit, au milieu de la mer, des cris de femmes, des bruits de cymbales et des échos de danses furieuses allaient rappeler à la mémoire toutes les horreurs oubliées.

Les dolmens allaient boire le sang des prisonniers romains égorgés et les colosses de fer et d'osier brûler des foules de malheureux à la gloire de Teutatès.

Et, dans l'ivresse de ces sanguinaires orgies, les bardes à l'accent prophétique chanteraient la Gaule régénérée, ressuscitée, éternelle!...

— Et voilà sur quel terrain doit grandir comme un arbre géant la croix de Jésus-Christ! murmura un homme déjà vieux qui, du point culminant de la plus haute terrasse de la cité, contemplait, songeur, ce panorama superbe en évoquant ces réflexions qui ne pouvaient être que le fruit d'une certaine connaissance des mœurs du pays, connaissance dont l'étude avait du être faite en dehors des murs de Lugdunum et du cours même des deux fleuves.

Ayant ainsi parlé, il descendit lentement le flanc de la colline et par des sentiers serpentants et détournés.

Arrivé sur la rive du fleuve, il fit signe à un batelier qui passait les voyageurs.

Le batelier amena sa barque.

— A vos ordres, seigneur, dit-il d'un ton humble, montez dans mon bateau et, malgré la violence du courant, je vous promets que mes bras auront tôt fait de vous mener sur l'autre bord. Par ce temps, il vaudrait mieux faire le trajet sous l'eau avec messieurs les poissons.

— Oui, dit le voyageur, mais les nuits sont belles et fraîches et, dans ces bois encore touffus, tu peux goûter un repos bien gagné par ton labeur de la journée.

— Croyez-moi, seigneur, dit le passeur, ces bois ne valent rien la nuit et il s'y passe d'étranges choses que l'on n'oserait conter.

Le voyageur sourit, car il connaissait les superstitieuses légendes de la contrée sur ces bois où jadis, avant la conquête romaine, à l'époque de la cueillette du gui sacré les druides célébraient les rites de leur religion obscure.

Il feignit de ne pas comprendre l'allusion et dit :

— Tu as du sang gaulois dans les veines et tu trembles devant les rêves de ton imagination?

— Ce ne sont pas des rêves, seigneur. A la blafarde clarté de la lune, les vieux druides passent dans les sentiers, pâles comme des fantômes; les prêtresses du gui les accompagnent et l'on a entendu des chants à peine distincts partant comme de sous terre. Assurément, ils reviennent dans le mystère des nuits qui ouvrent le printemps, l'été, l'automne et l'hiver.[1] On les a vus sortir de ces taillis, se réunir dans les clairières, couper le gui avec leur serpe d'or ou récolter la verveine; on a vu des sacrificateurs fantômes célébrer sur ces dolmens les rites sanglants des vieux sacrifices. Et malheur à l'imprudent qui oserait les épier; cette nuit serait pour lui la dernière et son sang coulerait sur la pierre à la gloire horrible d'Hœsus!

Le voyageur secoua la tête, mais non d'un air de doute; il possédait le mot de l'énigme; car, dans cette partie boisée de l'île, il savait mieux que personne que la lune ne suscitait d'autres apparitions nocturnes que celle d'hommes bien vivants, chrétiens qui y venaient célébrer, dans la grotte de Pothinus, les augustes mystères de la religion de Jésus-Christ et, à la faveur de cette terreur superstitieuse, chantaient sans crainte au Rédempteur le cantique d'allégresse et d'amour du salut nouveau.[2]

La barque frôlait les grandes herbes de l'autre rive, le passeur donna un dernier coup d'aviron, et, s'emparant d'une

---

(1) L'époque de la cueillette du gui était réglée par les phases de la lune. Les quatre assemblées les plus solennelles se tenaient lorsque le soleil était à l'équinoxe ou au solstice vers les 1er mai, 19 août, 1er novembre et 13 février.

(2) Saint Pothin avait (dans le lieu où s'élève aujourd'hui l'église de Saint-Nizier à Lyon), établi un oratoire dans une île déserte et boisée. C'était une grotte au

Elle avait été roulée dans un filet et jetée à un taureau en fureur
qui l'avait lancée à plusieurs reprises avec ses cornes en l'air et dans l'arène.
(P. 43.)

vieille souche de saule, l'y attacha par une corde de jonc.

Le voyageur sauta sur le bord, remit une pièce de monnaie au batelier, et, sans se retourner, s'enfonça sous le couvert d'autres bois, tandis que le passeur entonnait aux échos le refrain d'une antique chanson celtique ignorée à Lugdunum mais souvent chantée dans les rues de sa sœur et voisine, la ville gauloise.

Sans aucune hésitation, il marchait à travers les étroits sentiers à peine indiqués par quelques branchages cassés de ci de là aux endroits les moins touffus, s'arrêtant parfois comme pour constater sa route à travers cet océan de broussailles enchevêtrées, où souvent s'accrochait la laine de son pallium ou se déchirait la peau de ses *calceamenta*.

Parfois, il traversait des clairières sur lesquelles se voyaient des débris indiquant que des huttes gauloises avaient quitté récemment la place pour aller se dresser plus loin, en attendant d'autres voyages.

— Damh[1] m'a promis d'être ici, murmura-t-il en s'arrêtant près d'une source qui jaillissait en filet léger d'une petite anfractuosité de rocher tout couvert de mousse. Peut-être suis-je en avance?

Il s'assit, épongea son front couvert de sueur avec le *sudarium* qu'il portait autour de son cou et tomba dans une méditation profonde, car il n'entendit pas se froisser le feuillage dru des broussailles et ne vit pas s'avancer devant lui un homme jeune encore mais d'un imposant aspect sous sa tunique de lin.

Un corbeau croassa dans le feuillage, le romain leva la tête et vit celui qu'il attendait.

milieu des rochers et les fidèles s'y réunissaient pour prier. Gaulois et Romains respectaient ce lieu où la légende voulait que les fantômes des anciens druides revinssent périodiquement célébrer leur culte antique dépossédé par la conquête de Jules César de ses premiers centres d'exercice.

(1) Damh en celtique signifie : homme instruit.

II

— Salut, Damh, dit le latin en lui indiquant une place près de lui, tu n'as pas manqué à ta promesse.

— Un gaulois n'a qu'une parole, répondit-il en prenant place sur le gazon. Quand je te vis pour la première fois, je te pris pour un ennemi et tu m'as appelé ton frère en me disant que ton cœur ne respirait que l'amour et la paix. J'ai vu sur ton visage que tu ne mentais pas, car, nous autres, nous connaissons le mystère des visages et nous le pénétrons sans peine. Mais, tu as gagné mon cœur, lorsque je t'ai vu, toi latin, verser des larmes sur le sort de la Gaule infortunée. J'ai voulu te montrer ma confiance en refusant de connaître même ton nom. Pour moi, tu es, non pas un des vainqueurs de la Gaule, mais son hôte, en ces bois qui sont la dernière et terrible citadelle de l'indépendance nationale, du culte antique et de la liberté sacrée. D'ailleurs, tu m'as dit de bien étranges choses.

— Oui, Damh, mais tu as dû y réfléchir. Oui, je t'ai dit que je n'étais point soldat; oui, j'ai pleuré sur la Gaule, parce qu'il est douloureux de voir la conquête imposer à ses enfants superbes plus que des chaînes déjà odieuses,

des dieux plus odieux encore et pères des vices dégradants
qui ne donnent pas d'autre rayonnement que la phospho-
rescence des marais fangeux. Je t'ai parlé ensuite d'une
religion nouvelle et du Dieu éternel qui a opéré le miracle
du salut du monde par son fils unique dont le sang a coulé
jusqu'à la dernière goutte pour la rédemption de tous. De
ton côté, tu m'as révélé des choses ignorées du vulgaire sur
la religion mystérieuse dont ton père est un des prêtres et
aux autels de laquelle tu m'as dit être voué toi-même; tu
m'as révélé les mystères obscurs du *Gui* qui, pour vous, est
le symbole de la lumière divine répandue dans le monde,
l'emblème de tout ce qui est, depuis l'universel jusqu'à l'individu, du gui qui parle d'immortalité, de renaissance, du gui
toujours vert, phénix de vos grands bois.

« Tu m'as dit que le gui était le symbole de toute sagesse,
de toute vertu, l'emblème de la modestie, de la chasteté.

» Certes, je rends hommage à la vertu gauloise, mais,
ô fils des druides, si belle que te paraisse ta religion, si
sublime que te semble son emblème, si élevés que tu dises
ses symboles, cette religion ne peut, comme les autres, être
qu'une figure de la religion véritable. »

— Ne compare pas la religion de la Gaule aux autres
religions, dit le druide en secouant la tête, le culte du gui
est le plus pur de tous ceux qui se célèbrent sous le ciel. Tu
parais avoir voyagé. Moi aussi. Je t'étonnerais bien en te
disant que j'ai visité Rome et la Grèce. La pompe et la
splendeur de leur religion ne m'ont pas ému. Quel temple
plus beau et plus digne que celui de la nature? A quoi bon
vouloir renfermer dans des édifices de pierre ce qui ne peut
être contenu, le Dieu éternel qui contient tout !

— Tu parles bien. Oui, en effet, j'ai voyagé et j'ai pu
étudier les mœurs de beaucoup de peuples. Je suis romain
de naissance et je me nomme Félix. De bonne heure, après
avoir été initié aux mystères de la religion sainte dont je t'ai

déjà parlé, celle de Jésus-Christ Fils de Dieu, j'ai quitté Rome ma patrie, pour aller visiter mes frères d'Asie et d'Afrique et surtout pour porter la lumière de la vraie foi à ceux qui sont encore dans les ténèbres.

« J'avais un vif désir de visiter la Gaule, et, à la faveur de la marche des armées romaines, je suis venu en ce pays où, présentement, mes frères goûtent un peu de paix après avoir supporté tant de douleurs et subi tant de tourments.

» Ta religion, dont vos vastes forêts sont l'impénétrable sanctuaire, appartient bien à ce sol mystérieux; elle en est bien le fruit sauvage qui peut vous paraître âprement doux, mais qui est tellement particulier à votre vieux cœur qu'il ne peut être goûté par d'autres que vous.

» Le caractère de la véritable et unique religion c'est d'être universelle, c'est-à-dire que la religion vraie doit réunir, dans son giron divin, tous les peuples du monde.

» La religion de mon Seigneur Jésus-Christ que je t'annonce, possède éminemment ce caractère essentiel et voilà pourquoi, révélée à peine depuis deux siècles, elle étend déjà ses racines sur toute la surface de la terre.

» Est-elle la religion universelle, celle qui garde la lumière et ses secrets pour de très rares adeptes et ne nourrit le peuple que de superstitions grossières et sanglantes?

» Le règne de l'amour est arrivé. Le temps des sacrifices sanglants est passé; tout sang versé est abominable devant le Dieu d'amour. Et quel sang peut lui être agréable, quel sacrifice peut l'honorer après le sacrifice du Calvaire dont je t'ai raconté le mystère?

» O Gaulois, tu le sais, car tu le chantes dans tes hymnes, l'homme est tombé du ciel après la faute qui l'a perdu, il est tombé, gardant au front le sceau divin de la lumière, celle qui éclaire tout homme venant en ce monde. Et depuis cette chute prodigieuse, l'homme, attiré à la fois en bas et en haut, en bas par sa nature déchue, en haut par le vague souvenir de cette antique splendeur, criait en vain vers Dieu la mélopée farouche ou plaintive de son inconsolable douleur. Prenant le reflet pour la réalité il s'était tourné vers le soleil physique qui nous éclaire et nous échauffe et, le prenant pour un Dieu, l'avait conjuré de lui être propice et clément.

» Mais le soleil, muet, continuait à verser indifféremment ses rayons et sa chaleur sur la terre.

» Ah! si la déchéance de l'homme avait pu être rachetée par des sacrifices, l'homme eut été régénéré dans ces torrents de sang qui ont coulé sur les autels, depuis le commencement du monde, le sang des animaux de la terre et le sang des hommes versé par d'autres hommes.

» Mais, si infranchissable était la barrière élevée par la faute du grand Adam entre l'humain et le divin que Dieu seul pouvait combler cet abîme immense.

» L'humain ne pouvait pas monter à Dieu; c'était Dieu qui devait descendre vers lui, se revêtir de sa nature déchue la régénérer et la déifier pour toujours, en s'offrant lui-même en holocauste sur l'autel de la croix.

» Le sacrifice du Calvaire est donc, à la fois, le premier et le dernier, le seul et l'unique sacrifice, que rien n'a pu remplacer, que rien ne peut égaler, qui ne peut être répété autrement qu'en mémoire et par un signe qui rappelle cet auguste et solennel mystère.

» Gaulois! Gaulois! je te ferais injure si je paraissais croire que tu ignores ce que tu sais si bien.

» Oui, toutes les religions du monde, si dégradées qu'elles soient dans l'idolâtrie et dans le sang, ont entendu parler du sacerdoce idéal et du sacrifice sans tache.

» Ce n'est pas seulement chez les Juifs que l'on en trouve la figure dans Melchisédech, le prêtre éternel, sans père, sans mère, sans généalogie et sans histoire, qui offre le pain et le vin; l'Egypte a connu la figure de ce pur sacrifice, dans la coupe d'Hermès et, vous-mêmes, ne composez-vous pas avec le gui un breuvage mystérieux auquel vous attribuez des propriétés divines?

» Mais, viens à nous, et tu verras la réalité de ces figures dans l'Eucharistie véritable et sacrée, seul et puissant sacrement du sacrifice auguste du Seigneur.

» Toutes les religions du monde sont des religions de terreur ou de boue; la religion de Jésus-Christ, notre Sauveur est la seule religion de l'amour et de la lumière.

» Voilà pourquoi les peuples se jettent dans ses bras régénérateurs, voilà pourquoi, abandonnant leurs dieux, simulacres d'erreurs et de turpitudes, ils accourent se faire initier aux mystères de la vérité.

» La Gaule sera chrétienne, elle deviendra la grande et glorieuse fille de Dieu par Jésus-Christ, quand ses enfants auront compris la splendeur de la lumière du vrai soleil qui va surgir de ses sillons ensanglantés et fécondés par l'abnégation et l'amour des saints, quand leurs yeux seront ouverts à la radieuse aurore qui se lève sur ses campagnes. »

Le Gaulois écoutait Félix et ne l'interrompait pas.

Un travail de comparaison se faisait dans son cœur entre son antique religion aux mystères sanglants, à laquelle tant de liens l'attachaient et cette nouvelle religion dont il entendait parler avec tant de conviction et de persuasion.

— Certes, dit-il, j'ai bien souvent entendu parler des chrétiens dans le cours de mes voyages, mais, partout, j'en ai entendu parler comme de gens abjects et vils. On me les a représentés comme des athées ne croyant à rien, enseignant la révolte contre les dieux et les chefs de peuples et tombant eux-mêmes dans des excès mille fois plus honteux que ceux qu'ils reprochaient aux autres.

« La description que l'on m'a faite de leur folie m'avait pénétré de dégoût, car on m'a dit qu'ils étaient capables de tous les crimes, qu'ils les commettaient, en effet, dans des repaires souterrains et inaccessibles et que les lois les poursuivaient justement pour leurs forfaits.

» J'ai vu leur supplice dans les amphithéâtres, dans les
prétoires, sur les bornes militaires des grandes voies romaines, je leur ai reconnu un grand stoïcisme devant la mort,
mais cela ne m'avait rien prouvé en leur faveur. On s'habitue
facilement, pour peu qu'on s'en donne la peine, à l'idée de
quitter la vie qu'on rejette avec un dédain vrai ou affecté
comme l'écorce d'un fruit dont on a savouré la chair. Et
puis, les plus criminels né sont pas toujours les plus lâches.
Les criminels se font souvent gloire de subir le châtiment
qu'ont mérité leurs forfaits. Ils meurent dans l'orgueil d'un
insolent défi jeté à leurs juges, à leurs bourreaux, à l'ordre
social tout entier qu'ils ont blasphémé toute leur vie.

» Mais, j'ai trop vu de choses pour que mon âme ne soit
pas ouverte à une sage défiance sur ses impressions premières. L'erreur est à la surface de toutes choses. Mon cœur
est oscillant et troublé; ce que j'ai vu l'a rendu moins farouche; autant je comprends qu'un homme qui n'a jamais
quitté le sol qui l'a vu naître et sur lequel il a grandi s'y
montre invinciblement attaché comme le lierre à l'ormeau,
autant je conçois qu'il est raisonnable, dès qu'on le peut,
d'embrasser une croyance empreinte d'un plus grand cachet
de vérité que celle qu'on abandonne.

» Si j'embrasse ta religion, ô chrétien, qui sait ce qui
m'attend dans les profondeurs de ces bois où nul de tes
frères, n'a jamais osé aventurer ses pas et d'où l'imprudent
qui y pénètre par ruse ou par audace, ne revient pas. En
connais-tu un seul qui ait tenté cette dangereuse aventure?

— Moi, dit le romain, je l'ai tentée et, pour te donner
une preuve de la véracité de mes paroles, j'ai vu dans les
forêts d'Autricum « la Vierge qui doit enfanter. »

Et, devant le Gaulois étonné, Félix s'écria en se levant
comme un ressort et d'un air inspiré :

— Réjouis-toi, sois dans l'allégresse, peuple de Gaule; l'objet de ta vénération, la Vierge que tu connus et honoras et dont Autricum vénère la maternelle figure, a vraiment enfanté; elle a donné au monde en attente, l'Emmanuel sauveur. Deux siècles ont coulé depuis ce mémorable événement et tu l'ignores encore! tu continues à chanter ton espérance, alors que le Ciel a réalisé tes vœux!

« Oui, la Vierge a conçu du Saint-Esprit, un enfant nous est né, ô merveille du divin amour, c'était un homme et c'était un Dieu. Il était l'arche sainte de la promesse enfin réalisée! Il était, à la fois, le pontife éternel et la victime auguste, le Réparateur sublime des suites du péché antique; le Rédempteur et le Sauveur.

» La Vierge[1] que tu vénères et qui tient son Fils dans ses bras l'a entendu annoncer la doctrine éternelle, elle l'a vu grandir, expirer sur le bois de son sacrifice. Sa douleur, immense comme la mer, était sans bornes et les larmes de ses yeux étaient plus amères que les flots.

» Mais elle a vu son Fils triompher de la mort et du tombeau et, le troisième jour, comme il l'avait prédit, s'élever dans les cieux dont les portes étaient désormais ouvertes à quiconque voulait marcher dans la voie qu'il avait tracée.

» Et toi, Gaulois, reconnais que tout est accompli, les promesses de Dieu et les espérances de l'homme.

» Viens au Christ car il vit et le sang des martyrs cimente tous les jours les bases de son royaume.

» Tu n'es pas sans savoir, toi qui appartiens à un antique sacerdoce, que le sacrifice consenti pour un objet donne à cet objet une puissance invisible dont les surprenants effets sont des prodiges. »

(1) Il s'agit ici de la statue druidique de la Vierge mère, vénérée aujourd'hui encore sous le nom de Notre-Dame de Chartres.

— Oui, dit le Gaulois, je le sais, et tu connais là un grand mystère.

— Notre-Seigneur, continua le chrétien, nous a dit : « Le royaume des cieux est comme un grain de sénevé, le plus petit de tous les grains, qui, lorsqu'il est confié à la terre devient un arbuste qui dépasse en force tous ceux qui l'entourent. » Par sa prédication, par son sacrifice, il a planté le grain de sénevé, et, aussitôt, il a levé et il a promptement, par sa végétation puissante, dépassé la force de tout ce qui l'entourait.

« Tu connais, m'as-tu dit, le mystère du sacrifice consenti pour un juste objet. Gaulois, tu seras étonné peut-être, mais, écoute-moi, et, quand tu auras entendu mes fidèles récits, tu seras convaincu de la réalité divine de notre foi et tu sauras sur quelles formidables assises s'élève l'autel nouveau du Verbe éternel de Dieu, prêtre et victime volontaire pour notre universelle rédemption. »

— Parle, dit le Gaulois, je ne te laisserai point partir que je n'aie tout entendu.

Félix se rassit et, décidé à gagner à Jésus-Christ ce druide de bonne volonté, entreprit de lui narrer toute l'histoire du martyrologe chrétien, depuis Jésus-Christ le divin agneau immolé. Il lui raconta tout ce que nous savons déjà des premiers martyrs et, arrivé au temps où Lugdunum vit couler à flots le sang chrétien il continua en ces termes.

III

LES MARTYRS DE LUGDUNUM.

— La violence de la persécution qui a éclaté à Lugdunum, la furéur et la rage des gentils cóntre les saints, l'horreur des tourments mis en œuvre et infligés aux bienheureux confesseurs de la Foi sont telles et dépassent tant l'imagination que l'on peut à peine les décrire.

« L'ennemi s'est précipité sur nous comme une bête fauve. Il n'a reculé devant aucun crime et l'on eut dit qu'il s'était donné la tâche d'incarner l'esprit même de la vengeance dans le cœur de ses suppôts et l'esprit du martyre dans celui des disciples de Jésus-Christ.

» Traqués partout, on leur interdit peu à peu l'accès des maisons, des bains, du Forum ; enfin, on leur fit un crime de les rencontrer dans quelque lieu public que ce fût.

» Mais la grâce de Dieu nous a couverts de sa force, elle a fortifié les vaillants et éloigné les faibles de la lutte.

» Les atlhètes qui parurent dans l'arène se montrèrent comme les inébranlables soutiens de notre foi contre les tentatives de l'enfer.

» Les bienheureux martyrs eurent bientôt à souffrir toutes les injures familières à une populace ivre du plus cruel délire ;

cris insultants, pillage et ruine de leurs maisons, blessures et coups de toutes sortes, pierres lancées par des mains furieuses et mille autres témoignages de la colère insensée d'un peuple en folie.

» Traînés au Forum par le tribun militaire devant les magistrats de la cité, ils furent mis en jugement au milieu du tumulte populaire et, devant leur confession du titre de chrétien, jetés dans les cachots en attendant l'arrivée du *prœses*.[1]

» Bientôt il arriva, animé des sentiments les plus hostiles. Un de nos frères, nommé Vettius Epagathus, se trouvait en ce moment mêlé à l'auditoire; jeune et d'une naissance illustre, par la pureté de ses mœurs et l'austérité de sa vie, il faisait l'admiration de tous ceux qui le connaissaient; l'éloge que nos saintes lettres font du vieillard Zacharie pouvait justement décorer son adolescence, car il marchait sans faiblesse dans le chemin du Seigneur et de ses commandements, toujours prêt à répandre sa charité sur ses frères avec autant de zèle qu'il en apportait au service de Dieu.

» Il ne pût entendre sans une juste indignation la sentence impie que l'on prononçait contre ses frères.

» Avec une sainte véhémence il s'écria :

» — Prœses et vous peuple, écoutez-moi, je suis Epagathus le rhéteur et je veux vous parler afin de justifier ces hommes à vos yeux et de vous prouver que les accusations d'athéisme et de sacrilège que vous dirigez contre eux sont d'absurdes calomnies.

» A ces mots, une clameur immense s'éleva, hurlée par la populace furieuse de cette proposition.

» — Es-tu donc chrétien toi aussi? demanda le *prœses*.

---

(1) Le prœses était un magistrat romain *gouverneur de province* tenant entre ses mains la direction des pouvoirs administratifs et civils, militaires et judiciaires. Tel était Ponce-Pilate en Judée.

» — Oui! cria Epagathus, d'une voix tellement forte qu'elle domina l'ouragan des clameurs de la foule.

» Aussitôt le gouverneur donna l'ordre d'arrêter cet *avocat des chrétiens*, selon sa propre expression.

» Sans faiblesse, Vettius Epagathus prit rang, de lui-même, parmi les bienheureux confesseurs de la Foi.

» Dès ce jour, les épreuves commencèrent pour les chrétiens.

» Hélas! une différence bien nette de sentiments les sépara bientôt en deux camps bien distincts.

» Les premiers arrêtés montrèrent la persévérance la plus noble et la plus sainte à confesser leur foi.

» D'autres, au contraire, qui n'étaient pas suffisamment préparés à cette terrible lutte montrèrent une grande faiblesse. Dix chrétiens donnèrent ce douloureux spectacle qui refroidit aussitôt le zèle de ceux qui, libres encore, quoique surveillés étroitement par les persécuteurs, n'avaient pas cessé de prodiguer aux martyrs leurs secours et leurs consolations, le jour comme la nuit.

» L'horreur des supplices imminents, ne nous donnait pas tant d'alarmes que la crainte d'en voir d'autres encore se laisser aller à l'apostasie.

» Chaque jour, en effet, on emprisonnait de nouveaux chrétiens comme pour remplacer ceux qui avaient lâchement faibli devant l'appareil des supplices.

» Bientôt, il ne resta plus un seul de ceux qui étaient la lumière et la force de l'église de Vindobona et de Lugdunum, qui ne fût en prison.

» En même temps qu'eux, étaient saisis leurs esclaves quoiqu'ils fussent encore païens pour la plupart, car le *prœses* avait ordonné de s'emparer de tout ce qu'on trouverait dans les maisons des chrétiens.

» Ces esclaves, épouvantés par les tortures dont on affligeait les confesseurs et gagnés par les soldats, sous une impulsion du démon, déposèrent faussement contre nous, disant que les crimes dont la calomnie publique nous accusait, n'étaient que trop réels.

» Ces mensonges eurent pour effet d'exaspérer la multitude au point que ceux d'entre les païens qui, jusqu'ici, avaient fait preuve de modération envers nous, poussèrent eux-mêmes contre nous des clameurs de mort, demandant notre sang au nom même de la Divinité.

» Ainsi se réalisait cette prophétie du Seigneur :

« Il viendra des jours où chacun, en vous tuant, croira servir la cause même de Dieu.[1] »

» Alors, on fit souffrir aux bienheureux confesseurs d'indicibles tourments, les bourreaux s'acharnant à vouloir faire sortir de leur bouche l'aveu des calomnies dont on les chargeait.

» La rage des juges, des bourreaux et du peuple se porta surtout sur le diacre Sanctus, de Vindobona, sur le néophyte Maturus, sur Attalus originaire de Pergame, un des plus courageux soutiens de notre Eglise ; enfin, sur une jeune esclave nommée Blandina que le Christ daigna illustrer, afin de montrer à tous qu'à ses yeux la condition la plus vile est égale à la plus noble.

» Tous, nous appréhendions pour cette jeune et délicate enfant, non seulement les tourments, mais la vue même des instruments de supplice. Nous vîmes avec bonheur que nous nous étions trompés. Blandina, en effet, fit preuve d'un tel héroïsme que les tortionnaires se relayèrent pour la torturer depuis la première heure du jour jusqu'à la nuit.

» A leur grande stupéfaction, quoique tout le corps de l'héroïque jeune fille ne fut qu'une plaie et qu'un seul des supplices qu'elle avait endurés eut pu suffire pour lui ôter la vie, ils virent que la jeune Blandina respirait encore, on eut

____

(1) S. Jean., XVI, 2.

dit qu'elle retrempait ses forces dans la souffrance même.

» Ils s'avouèrent vaincus!

» — Je suis chrétienne! répétait la courageuse martyre, il ne se passe aucun mal parmi nous.

» Et l'on sentait, au son de sa voix, qu'elle puisait dans cette affirmation incessante, une force surhumaine et une consolation indicible.

» Sanctus, le diacre, lassa, lui aussi, les bourreaux ingénieux dans leur cruauté. Ils épuisèrent sur lui leur art épouvantable sans pouvoir ébranler la fermeté de son âme ni lui arracher une autre parole que celles-ci :

» — Je suis chrétien! ce nom me tient lieu de tout, de patrie, de famille, de ville natale et de titre.

» Les juges n'en purent tirer autre chose, et, dans leur exaspération, ils imaginèrent après avoir épuisé toutes les tortures sur son corps, de lui appliquer aux points les plus sensibles, des lames de cuivre rougies au feu.

» Mais le saint diacre, pendant que sa chair se consumait ainsi, ne fit pas même un mouvement; on l'eut crû rafraîchi par une rosée céleste.

» Cependant, ses membres, affreusement tordus et défigurés, conservaient à peine la forme humaine.

» Le Seigneur Jésus allait lui témoigner sa protection par un éclatant prodige et faire ainsi éclater sa gloire aux yeux même des gentils.

» Depuis quelques jours, Sanctus était dans la prison, et l'inflammation de ses membres pleins de plaies le faisait tellement souffrir qu'il ne pouvait même supporter qu'un linge les touchât.

» Les bourreaux voulurent profiter de son douloureux état pour lui appliquer de nouveau la torture, se flattant ainsi de tirer de lui par l'excès de la souffrance, une parole d'apostasie ou, tout au moins, d'épouvanter ses frères.

» Ce fut en ce moment que, par un prodige inouï, son

corps reprit tout à coup ses formes et sa santé, toute trace de blessures disparut et le courageux confesseur se leva prêt à soutenir un nouvel assaut.

» Les juges, alors, trompés dans leur attente, reportèrent leur colère sur de moins intrépides adversaires.

» Une jeune esclave nommée Biblias qui avait eu la faiblesse de céder et de renier sa foi par peur des tourments, fut de nouveau mise à la torture dans l'espoir qu'elle avouerait facilement les crimes dont on accusait les chrétiens.

» L'aiguillon de cette douleur fut pour elle un réveil qui rappela à sa conscience endormie les supplices éternels ; elle opposa les plus fermes dénégations à toutes les instances :

» — Comment, s'écria-t-elle, n'aurions-nous pas horreur de manger la chair des petits enfants, nous qui nous privons de manger même celle des animaux.[1]

» Ainsi, elle répara son apostasie, se déclara chrétienne et mérita la glorieuse couronne du martyre.

» Les persécuteurs ne se découragèrent pas et ils imaginèrent de lasser la constance des martyrs en prolongeant leurs souffrances.

» On les jeta dans un étroit et obscur cachot. Là, leurs pieds furent entravés dans les ceps jusqu'au cinquième clou ; enfin, on s'ingénia à faire de chaque instant de leur vie même un cruel supplice.

» Plusieurs moururent asphyxiés faute d'air respirable en ce cachot infect.

» D'autres, au contraire, affreusement mutilés par les tortures, survécurent, contrairement à toutes les probabilités, car il leur restait à peine un souffle de vie.

» La grâce divine qui inondait leur âme leur tenait lieu de

______

(1) On sait que les païens accusaient les premiers chrétiens de tuer des enfants dans leurs assemblées et de les dévorer ensuite. Cette absurde calomnie avait de fortes racines dans le peuple.

consolation, de force et de soins, loin de tout secours humain.

» Bientôt leurs membres reprirent leur vigueur et ils prodiguèrent leurs soins à leurs compagnons moins heureux.

» Mais ceux-là seuls survivaient dans l'air empoisonné de ce cachot infect, qui s'y étaient longuement accoutumés.

» Ceux qu'on y jetait bien portants mouraient aussitôt.

» Cependant, le bienheureux Pothin, évêque de Lugdunum, était tombé, lui aussi, entre les mains des persécuteurs.

» Agé de plus de quatre-vingts ans et souffrant d'une douloureuse maladie, il ne pouvait marcher et l'on fut obligé de le porter au tribunal, mais sa vieillesse et ses infirmités cachaient une âme ardente pleine du désir de souffrir pour Jésus-Christ en proclamant sa foi.

» Les soldats le portèrent au tribunal, au milieu des vociférations et des clameurs du peuple entier qui l'escortait en l'insultant comme s'il eut été le Christ en personne.

» — Quel est le Dieu des chrétiens? lui demanda le *præses*.

» — Rendez-vous digne de lui et vous le connaîtrez, répondit le saint vieillard.

» A peine avait-il parlé que, sans pitié pour ses cheveux blancs, la multitude se précipita sur lui; les plus proches l'accablent de coups de pied et de coups de poing, les plus éloignés lui lancent tous les projectiles qu'ils rencontrent à leur portée.

» — Vengeons nos dieux! criaient-ils, mort à l'impie, mort au chrétien, mort à l'athée!

» Pothin, à demi-mort sous cette grêle de coups, fut jeté, couvert de plaies, dans un cachot où, trois jours après, il expirait.

» Cependant, pendant cette horrible persécution, il se passa un fait remarquable et providentiel, inconnu jusqu'alors dans les prétoires où l'on se déclarait satisfait de l'apostasie qui était un gage assuré de salut pour ceux qui commettaient ce crime.

On fit entrer dans le cachot du glorieux confesseur
des chiens farouches et voraces,
en compagnie desquels on le laissa pendant six jours sans manger. (P. 54).

» A Lugdunum, au contraire, les apostats étaient retenus dans les fers comme ayant avoué leurs crimes et leur scélératesse.

» Aussi, souffraient-ils horriblement de leur sort imprévu.

» Quant aux confesseurs, ils jouissaient des ineffables consolations du sacrifice noblement accompli pour l'amour de Jésus-Christ et par la grâce de l'Esprit-Saint, dans la ferme espérance des récompenses du Ciel.

» Poursuivis par le remords de leur apostasie inutile, les félons étaient encore plus tourmentés par leur conscience que par les supplices. On les reconnaissait à leur tristesse et à leur abattement profond qui, par contraste, rendaient plus lumineuse et plus pure, la figure des confesseurs fidèles, rayonnante d'une douce majesté et d'une sainte joie. Leurs chaînes étaient de véritables ornements, et leur cœur, comme un encensoir ardent, exhalait des parfums dont la suavité frappait d'étonnement les païens eux-mêmes, qui les accusaient de se parfumer pour paraître au prétoire.

» Au contraire, les chaînes des apostats étaient bien des fers péniblement traînés, leur œil triste, leur visage blême et penché, l'abjection de leur personne et de leur démarche excitaient même le mépris des païens qui les traitaient de lâches et d'infâmes.

» Ce tranchant contraste ranima bien des courages et prévint de nouvelles défections.

» Cependant, les glorieux confesseurs touchaient au terme de leurs travaux après s'être tressé la plus belle couronne faite des douleurs les plus diverses qui allaient se changer en rayons d'une lumière immortelle.

» Maturus, le diacre Sanctus, Blandina, furent livrés aux fauves dans l'amphithéâtre pendant les jeux solennels.

» Maturus et Sanctus, quoiqu'on eut épuisé déjà sur eux les supplices, devaient en souffrir encore d'autres avant d'arriver au terme glorieux de leur martyre.

» Flagellés d'abord selon l'usage, ils furent laissés au caprice des fauves et de la populace qui les insultait par ses vociférations plus cruelles que les rugissements des bêtes, réclamant incessamment pour eux de nouveaux supplices.

» — La chaise de fer, cria la foule, apportez la chaise de fer ! répétèrent à l'envi tous les échos du cirque.

» On l'apporta, et quand cet objet de torture fut rougi au feu, on y assit les martyrs.

» Aussitôt, une affreuse senteur de chair brûlée se répandit dans l'air, exaltant encore la rage des spectateurs de cette horrible orgie de douleurs.

» — Je suis chrétien ! disait Sanctus.

» Ce jour-là, les deux chrétiens défrayèrent le spectacle pendant toute sa durée, fournissant à eux seuls pendant un jour entier l'immonde divertissement que la foule recevait d'ordinaire de plusieurs couples de gladiateurs bientôt hors de combat.

» Ils respiraient encore, et le confector dut les achever d'un coup d'épée au milieu de l'amphithéâtre.

» Blandina avait été attachée dans l'arène à un poteau, les bras en croix pour être dévorée. Son attitude et sa prière étaient pour les martyrs une forte consolation.

» Mais les bêtes ne la touchèrent pas et on dut la ramener dans la prison et la réserver à d'autres supplices afin que la gloire de la Foi parût plus éclatante dans une frêle et humble esclave dont l'héroïsme était signé du nom de Jésus-Christ.

» Cependant, la foule avait demandé à grands cris Attalus. On l'amena et sa contenance intrépide imposa une certaine admiration.

» Il fit le tour de l'arène précédé d'un licteur portant une tablette sur laquelle on lisait : « Celui-ci est Attalus le chrétien. »

» — Prends garde, dit au *prœses* un de ses amis, celui-ci est citoyen romain.

» Le gouverneur effrayé par cet avertissement, fit reconduire le confesseur en prison, en annonçant à la foule déçue qu'il devait en référer à César.

» En effet, le *prœses* timoré adressa à l'empereur une liste exacte de tous les captifs chrétiens, suspendit les exécutions et attendit des ordres.

» Les martyrs employèrent saintement ce délai à faire éclater leur charité et la grâce de Jésus-Christ. Les vivants ressuscitèrent les morts à la grâce et à la foi, et l'Eglise vit rentrer dans son sein ses membres égarés.

» Les apostats se jetèrent entre les bras des martyrs et y retrouvèrent la force d'une confession généreuse et éclatante de la Foi.

» La réponse de César arriva.

» L'empereur prescrivait de mettre à mort tous ceux qui persisteraient à se dire chrétiens et de renvoyer libres tous les autres.

» Pour donner un grand éclat à son jugement, le *prœses* choisit le jour où les délégués de toutes les assemblées des Gaules se réunissaient chaque année à Lugdunum.

» Il fit dresser son tribunal au milieu du Forum, et les martyrs y furent amenés à travers la populace immense et compacte au milieu de laquelle ils ne pouvaient qu'à grand peine se frayer un passage.

» Tous ceux qui étaient citoyens romains eurent, sur-le-champ, la tête tranchée; quant aux autres, on les réserva pour les bêtes.

» Les apostats avaient été réservés pour être interrogés les derniers. Le *prœses* se promettait de faire grand bruit de leur apostasie et de les renvoyer absous au milieu des ovations du peuple.

» Mais, quels ne furent pas son étonnement et la rage de la populace en les entendant, d'une voix ferme, se proclamer chrétiens à l'exception de quelques-uns qui n'avaient jamais eu aucune trace de véritable foi et qui, persévérant dans leur lâcheté, furent relâchés.

» Les autres furent réunis à la glorieuse phalange des martyrs.

» Pendant qu'on les interrogeait, un homme d'un certain âge se tenait au pied du tribunal et encourageait, de ses gestes, les héros de la Foi.

» C'était un médecin phrygien, nommé Alexandre, établi dans les Gaules depuis longtemps et connu de toute la ville pour sa charité et son zèle, car il prêchait l'Evangile avec la noble indépendance d'un apôtre missionné de l'Esprit-Saint.

» Le peuple exaspéré de le voir prodiguer ses encouragements aux confesseurs et lui attribuant la conversion éclatante des apostats se mit à le couvrir d'injures et à demander sa mort.

» — Qui es-tu donc? lui demanda le *prœses*.

» — Chrétien! répondit Alexandre, fais de moi ce que tu voudras.

» Sur-le-champ, il fut condamné aux bêtes et réuni à la troupe illustre des martyrs ses frères.

» Attalus qui n'avait pas voulu revendiquer son titre de citoyen romain eut le même sort et, le lendemain, tous deux parurent dans l'arène, furent soumis à toute la série des ordinaires tortures et achevés enfin par le glaive du *confector*.

» Alexandre ne laissa pas échapper une seule plainte, tout entier en extase. Attalus placé sur la chaise de fer rougie au feu, pendant que l'odeur de sa chair brûlée empestait le théâtre tout entier, s'écria :

» — En vérité, voilà que vous mangez de la chair humaine! Quant à nous, nous n'avons jamais été des anthropophages ni commis aucun crime!

» — Dis-nous le nom de Dieu? lui cria, de sa place, un spectateur.

» Le martyr le regarda fixement.

» — Dieu n'a pas de nom, répondit-il.

» De toute cette glorieuse armée de martyrs, la frêle esclave Blandina restait la dernière avec le jeune Ponticus âgé de quinze ans.

» Chaque jour, on les avait rendus témoins du supplice de leurs frères; enfin, le dernier jour des jeux, on les fit prendre part au combat.

» On les traîna devant l'autel qui s'élevait au milieu de l'arène, afin de les obliger à sacrifier, ce qu'ils refusèrent avec indignation.

» La fureur du peuple s'alluma, alors, et réclama toutes les tortures les plus cruelles pour ces deux frêles et délicats enfants.

» Les bourreaux se mirent à l'œuvre avec acharnement, s'interrompant de temps en temps pour sommer leurs victimes de jurer par le nom des dieux, mais en vain.

» — Courage, Ponticus, disait Blandina à son jeune compagnon, montre-leur qu'un enfant peut devenir un héros par la grâce et dans la foi du Seigneur Jésus-Christ.

» L'enfant expira courageusement dans les tortures. Enfin Blandina, elle-même, quitta la dernière ce champ glorieux des plus héroïques combats, après avoir vu triompher avant elle tous ces intrépides soldats.

» Après avoir été flagellée, exposée aux bêtes, assise sur la chaise embrasée, elle avait été roulée dans un filet et jetée à un taureau en fureur qui l'avait lancée à plusieurs reprises avec ses cornes en l'air et dans l'arène. Dans une pure extase, elle semblait insensible aux tourments et ce fut l'épée du *confector* qui lui donna le coup de grâce.

» Les païens, eux-mêmes, admiraient comment une jeune fille avait pu tant et si héroïquement souffrir. Toutefois, cette admiration même ne servait qu'à aiguiser leur rage et leur fureur.

» Non contents d'avoir insulté et torturé les vivants, ils s'acharnèrent après les cadavres qu'ils exposèrent à la voracité des chiens dans les rues de Lugdunum, sous la garde de soldats qui devaient empêcher qu'on les recueillît pour vénérer et ensevelir ces restes glorieux.

» On amoncela ensuite, après les avoir coupés en morceaux, tous les débris qui avaient échappé à la voracité des animaux ; on en fit une montagne dominée par les têtes défigurées et on laissa cet horrible trophée exposé aux yeux de tous pendant plusieurs jours sous la garde d'un piquet de légionnaires.

» La foule venait repaître ses yeux de cet affreux spectacle, manifestant sa rage non encore assouvie, par des insultes à ces morts héroïques.

» — Voyez, disaient les uns, comme les dieux se sont bien vengés de leurs ennemis!

» D'autres plus modérés disaient :

» — Pauvres gens! où est leur Dieu? A quoi leur a servi cette religion pour laquelle ils ont donné leur vie?

» Quant à nous, notre douleur était grande de ne pouvoir donner la sépulture à nos martyrs. En vain, nous essayâmes de la complicité de la nuit, en vain, nous voulûmes fléchir, à prix d'or, le cœur des bourreaux, tout effort demeura inutile. Les païens croyaient qu'en empêchant l'ensevelissement des martyrs, ils triompheraient à jamais du nom chrétien.

» Enfin, six jours après, ils se décidèrent à détruire complètement ces restes par le feu. Un immense bûcher fut construit et on y entassa les précieuses dépouilles que les flammes consumèrent. Bientôt, il n'en resta plus que des cendres qu'on jeta dans le Rhodanus près du temple d'Auguste à l'Athénœum.[1]

» — Et voilà, dit un païen à un chrétien qui contemplait ce triste spectacle, comment nous sommes supérieurs à votre Dieu. C'est l'espoir insensé de la résurrection qui vous berce

(1) Aujourd'hui Aisnay.

de chimères et vous inspire le fanatisme le plus inouï.
Voyons donc comment votre Dieu s'y prendra pour ressus-
citer ceux-ci et les arracher de nos mains?[1]

» Le Rhodanus engloutit, à la vue des fidèles attristés,
la masse noire et poudreuse de ces saints débris que les
fidèles suivaient anxieusement au fil de l'eau le long des
rives du fleuve dans l'espoir d'en recueillir quelques poignées
comme un précieux trésor.

» Une douce consolation leur fut donnée, car le courant
en dirigea quelques frêles amas échappés à la submersion,
vers des anses où ils s'accumulèrent.

» Ils les y recueillirent avec un profond respect et, les
ayant rapportés à Lugdunum, les déposèrent dans un lieu
sanctifié.

» Quarante-huit des principaux noms furent inscrits dans
les saints dyptiques avec le genre de leur supplice.

» Ceux qui eurent la tête tranchée comme citoyens
romains furent : Vettius Epagathus, le prêtre Zacharie,
Macarius, Alcibiades, Silvius, Primus, Ulpius, Vitalis,
Comminus, October, Philominus, Geminus.

» Julia, Albina, Grata, Rogata, Æmilia, Posthumia,
Pompeia, Rhodana, Biblias, Quarta, Materna, Spes surnommée Amna, subirent le même supplice.

» Ceux qui furent livrés aux bêtes furent : Sanctus,
Maturus, Attalus, Alexander, Ponticus et Blandina.

» Ceux qui moururent en prison furent : Pothinus,
Aristée, Cornelius, Zozimus, Titus, Zoticus, Julius, Apol-
lonius, Geminianus et les saintes Jamnia, une autre Julia,
une autre Æmilia, une autre Pompeia, Ausonia, Alumna,
Domna, Justa, Trophima et Antonia.[2] »

____

(1) D'après l'*Histoire Ecclésiastique* d'Eusèbe qui s'est inspiré de l'Epitre des
Eglises de Lyon et de Vienne.

(2) Bollandistes. *Actes des Saints.*

IV

AUTRES COURONNES.

La terre de Gaule tout entière, s'abreuvait à flots du sang des saints, semence féconde qui devait produire sur ce sol généreux la moisson splendide et faire de la France future, la fille aînée de l'Eglise, et des Francs, les chevaliers de Dieu.

L'Eglise de Lugdunum sans pasteur, ressemblait à une barque désemparée que tourmentent à plaisir les vagues de l'ouragan.

Chaque jour, de nouvelles violences étaient commises contre les chrétiens, et l'empire qui sentait vaguement l'approche des barbares, encore lointaine, mais grondante sous les voiles du destin implacable, s'efforçait de conjurer la colère des dieux par les plus solennels sacrifices.

Marc Aurèle allait partir pour les provinces orientales de la Gaule, comprimer les révoltes des barbares sur les frontières de l'Illyrie et ce départ donna lieu à des solennités idolâtriques inouïes.

Toute la ville fut purifiée par de l'eau lustrale. Pendant sept jours, les statues des dieux furent solennellement exposées sur des lits, selon les rites de l'antique Rome.

L'empereur avait promis de telles hécatombes que des

plaisants lui avaient écrit au nom des futures victimes du couteau sacré, ce billet humoristique.

« Les Bœufs blancs à Marcus César, Salut!

» Si tu reviens vainqueur, nous mourrons tous. [1] »

Ce jour-là vit affluer à Rome, pour la première fois, venus de toutes les parties de l'Orient, les prêtres de tous les mystères, pour y invoquer, selon leurs propres rites, leurs propres dieux en faveur de Rome décimée par la famine, désolée par la peste, épouvantée par la guerre.

Le départ de l'empereur et de l'armée en fut retardé, sacrifice fait à l'affolement du peuple et à la superstition de tous.

L'Orient vint offrir ses lumières à Marc Aurèle et un devin égyptien, nommé Arnuphis, le suivit en campagne pour lui enseigner le culte de Thot Hermès.

Ce prince philosophe n'avait pas assez de l'immense multitude des dieux de la Grèce et de Rome, il lui fallait encore ceux de l'Egypte et il déchaînait dans l'empire les supertitions dégénérées de l'Asie, comme pour leur livrer en pâture les derniers débris de la moralité, de la dignité et de la liberté romaines. [2]

A Lugdunum le sang coulait toujours.

Deux amis étroitement sympathiques l'un à l'autre dans la même et sainte foi en Jésus-Christ, le grec Alexandre et le gaulois Epipodius, tous deux à la fleur de l'âge, issus d'illustres familles et compagnons d'étude, brûlaient du désir de cueillir la palme du martyre et s'y préparaient par la pratique des plus austères vertus.

Toutefois, obéissant au précepte du divin Maître, de fuir

(1) Ammien Marcellin. L. xxv, chap. iv.
(2) Champagny. *Les Antonins*, t. iii.

la persécution, ils s'étaient, dès le début, retirés près de Lugdunum, dans le village de *Petra Incisa*[1], pour y vivre dans la solitude, auprès d'une veuve charitable et chrétienne qui leur avait donné asile.

Ils devaient être découverts.

Bientôt, des soldats en perquisition les surprirent, et les ayant enchaînés comme des criminels, les traînèrent à Lugdunum où ils comparurent devant le tribunal du *prœses*.

— Qui êtes-vous? leur demanda le gouverneur.

— Nous sommes chrétiens! répondirent-ils avec une noble fermeté et un égal courage.

— Quoi! s'écria le gouverneur, il reste donc encore des chrétiens! A quoi donc ont servi les tourments de ceux qui ont été mis à mort, si l'on ose encore parler du Christ?

Et les ayant fait séparer, voyant qu'ils s'exhortaient mutuellement à rester fidèles, il s'adressa d'abord à Epipodius:

— Le crucifié que tu adores, lui dit-il, interdit de se livrer à la joie et aux plaisirs sans lesquels il n'y a pas de charmes dans la vie. Nos dieux, au contraire, nous ordonnent de leur rendre hommages parmi les festins et les fleurs. Renonce donc à tes absurdes austérités et bois à longs traits l'ivresse à la coupe enchantée de la jeunesse.

— Non, répondit Epipodius. Chez les chrétiens, le corps obéit à l'âme qui le dirige et le domine. Quant aux joies dont vous parlez et par lesquelles vous croyez servir vos dieux, elles vous exposent à une mort éternelle.

— Frappez-le au visage, cria le juge aux licteurs.

Ceux-ci ensanglantèrent à coups de poings la figure du jeune martyr qui criait sans défaite :

— Jésus-Christ est mon Dieu! Un seul Dieu avec le Père et l'Esprit-Saint!

On l'étendit alors sur le chevalet et les bourreaux s'apprê-

____

(1) Pierre-Encise.

taient à déchirer son corps par le moyen des rateaux de fer,
lorsque le peuple qui remplissait le prétoire se mit à crier :

— Arrêtez! Livrez-le-nous afin que nous en fassions
justice comme il le mérite!

Déjà l'émeute grondait dans le prétoire et le juge,
pour y mettre fin, ordonna qu'on décapitât sur-le-champ le
martyr.

Le lendemain, Alexandre, son compagnon, fut ramené au
tribunal.

— Sacrifie aux autels des dieux! lui dit le *prœses*, profite
de l'exemple des autres car nous avons fait une guerre si
acharnée à ta secte, nous avons tellement fait la chasse aux
chrétiens que tu es le seul survivant de cette race maudite
et impie.

Le jeune homme regarda alors le juge avec une pitié
sublime.

— Vous vous trompez étrangement, lui dit-il. Le nom
chrétien ne peut périr. La vie des hommes le renouvelle et
le perpétue et par leur mort elle-même, il gagne de proche en
proche comme un feu dévorant.

Irrité, le juge fit étendre le jeune martyr sur le chevalet,
et trois bourreaux se mirent à le frapper cruellement tandis
qu'il priait en silence au milieu du supplice.

Le *prœses*, alors, voyant sa fermeté, le condamna à
mourir sur une croix.

Les chrétiens eurent la consolation de recueillir les glorieuses dépouilles des deux amis martyrs, malgré la surveil-
lance des soldats, et de les réunir dans le même tombeau.[1]

A Vindobona, Severinus, Exuperius et Felicianus souf-
fraient, à quelque temps de là, pour la cause du Christ.[2]
Deux autres, Valerius et Marcellus qui s'étaient enfuis de

(1) Ruinard et Bollandistes.
(2) *Actes des Saints.*

Lugdunum furent, le premier décapité à Trenorchium,[1] le second enterré vif à Cabillonum.[2]

En ce temps-là, l'église d'Augustodunum brillait du pur éclat d'une foi sans égale qu'allait aussi illustrer le sang du martyre.

Une procession païenne, pompeuse et théâtrale, licencieuse comme ces sortes de solennités, se déroulait dans la ville en l'honneur de Cybèle.

— Est-il spectacle plus honteux et plus méprisable! s'écria un jeune homme de manières distinguées qui se trouvait sur le parcours de la *théorie*. Cette pompe grotesque autant que superstitieuse a beau faire, elle ne fera jamais croire que ces gens promènent autre chose en triomphe, qu'un morceau de bois doré qu'ils appellent Cybèle.

Devant ce propos, la colère des païens s'alluma. Ils se précipitèrent sur le jeune chrétien et le traînèrent au tribunal du proconsul Héraclius, en l'accusant de tentative d'émeute et de provocation à la sédition et à l'impiété contre les dieux de l'empire.

— Pourquoi, lui demanda le proconsul, ne veux-tu pas rendre hommage à la souveraine mère des dieux?

— Je suis Symphorien, répondit le jeune homme, ma famille est une des plus nobles de la contrée. Je suis chrétien, et j'adore le vrai Dieu. Quant à l'idole de vos démons, laissez-moi faire et je me charge de la mettre en pièces sous vos yeux à coups de marteau sans qu'elle proteste, tant elle est muette et inerte.

— Il ne te suffit donc pas d'être sacrilège, s'écria le proconsul, tu veux encore appeler sur ta tête le châtiment des rebelles?

Sur l'ordre d'Héraclius, les licteurs, dénouant leurs faisceaux, le battirent de verges.

(1) Tournus.
(2) Châlons-sur-Saône.

Tout ensanglanté, le confesseur fut jeté, alors, en prison.

Quelques jours après, il fut de nouveau interrogé par le juge.

— Voyons, jeune homme, écoute-moi, lui dit Héraclius, tu es noble, beau, illustre, la vie ne doit avoir pour toi que des fleurs et des sourires et les hommes doivent t'entourer de gloire et d'honneurs. Consens à sacrifier et tu en seras royalement récompensé. Je te promets que l'empereur reconnaîtra ta piété et même ta seule complaisance envers les dieux, par de riches gratifications, des honneurs militaires, des faveurs de toute sorte. Tiens, je vais faire couronner de fleurs les autels d'Apollon, de Diane et de Cybèle et tu assisteras à mes côtés au sacrifice que je leur offrirai.

— Il faudrait que j'eusse perdu la raison, s'écria Symphorien, pour me laisser séduire par tes trompeuses et honteuses promesses! Quoi! tu veux que je ne trouve pas insensées les extravagances de semblables promenades, scandaleuses les courses échevelées et les danses cyniques des corybantes en l'honneur de votre Cybèle? Que veux-tu que je pense des mensonges et des supercheries des prêtres d'Apollon dont les oracles trompeurs ne sont crus de personne ; que sont ces chasses superstitieuses et échevelées en l'honneur de Diane, je vous le demande?

Héraclius n'en pouvant tirer autre chose, condamna le jeune homme à avoir la tête tranchée.

Pendant qu'on le conduisait au supplice qui devait se passer hors de la ville, une femme aux cheveux blancs courait sur les remparts de la cité à sa rencontre.

C'était la mère du jeune héros.

Dès qu'elle l'aperçut elle lui cria :

— Courage! Symphorien, mon fils bien-aimé, souviens-toi du Dieu vivant, montre ta force et ta foi! On ne doit pas craindre une mort qui est la porte de la vie éternelle. Afin de ne pas regretter la terre, lève tes yeux vers le Ciel et méprise des tourments fugitifs. Si tu montres de la constance, des félicités éternelles vont en être le prix !

Nul encouragement ne pouvait être plus précieux à Symphorien que ces vaillantes paroles de sa tendre mère.

La grâce de Jésus-Christ l'ombragea de sa force et il cueillit glorieusement sa couronne.

Peu de temps après, ses précieux restes étaient déposés dans un tombeau. [1]

D'autres martyrs donnaient leur sang dans la cité des Lingons qui vit la vaillante confession de trois frères jumeaux, Speusippus, Eleusippus et Meleusipus, fils de Leonilla. Ils avaient reçu le baptême des mains de Benignus, disciple de Polycarpe, envoyé par lui dans les Gaules avec Andéol, Thyrsus et Andochius. Andéol s'était fixé aux confins de l'Helvie. Il avait semé l'évangile dans la cité gallo-romaine de Bergoïata [2] assise sur les rives du Rhodanus, puis il avait porté la foi dans Alba Augusta. [3]

Marc Aurèle s'étant arrêté à Divio [4] afin d'en visiter les nouvelles fortifications, avait ordonné d'y élever un temple à Mercure et demandé si aucun chrétien ne résidait dans le pays.

Le *comes* auquel s'adressait l'empereur, Terentius, prit alors la parole et lui dit :

— Nous ignorons ce que c'est qu'un chrétien ; mais je connais un étranger qui a la tête sans cheveux, s'habille et vit tout autrement que nous.

« Cet homme ne consent pas à reconnaître la divinité des

---

(1) Sur lequel les âges catholiques devaient élever une superbe basilique et un saint monastère. Ruinard et Bollandistes.

(2) Bourg-Saint-Andéol. D'après Bougaud : Etudes historiques et critiques sur saint Benigne.

(3) Ancienne capitale du Vivarais aujourd'hui détruite. Ces trois apôtres furent les fondateurs des églises de Dijon, Autun et Langres.

(4) Dijon.

dieux. Il recrute dans les rangs du peuple des auditeurs dont il fait des disciples qu'il plonge dans l'eau et dont il oint les membres avec un baume.

» Le peuple prétend qu'il opère des miracles et il promet une autre vie après celle-ci à tous ceux qui croient à son Dieu. »

— C'est un chrétien, dit l'empereur ; à ces signes je n'en saurais douter. Allez le chercher, enchaînez-le et amenez-le-moi ; les dieux maudissent ces hommes, car le signe de leur crucifié frappe les oracles de stupeur et les rend muets.

Le comes, aussitôt, se mit à la recherche de Benignus.

On le trouva, enfin, occupé à annoncer la parole de Jésus-Christ aux paysans du village de Spaniacum.[1]

On se saisit aussitôt de lui, on l'enchaîna et on l'amena à l'empereur.

— Adorateur de la croix, lui dit le César, qui es-tu et d'où viens-tu ?

— Je viens d'Orient, répondit le saint apôtre, envoyé par le bienheureux Polycarpe pour évangéliser ce peuple et cette contrée. Mes frères que tu as déjà fait mettre à mort, m'accompagnaient.

— Ecoute, dit l'empereur, je ne te veux pas de mal, obéis-moi seulement, je te ferai pontife de mes dieux et te donnerai une place distinguée dans mon palais.

— Loup ravisseur ! s'écria Benignus, quel sacerdoce pourrais-je recevoir d'un homme qui est voué à la mort éternelle ? J'adore Jésus-Christ mon Dieu et le seul Dieu avec le Père et le Saint-Esprit, et tu ne m'arracheras jamais la foi.

Irrité, l'empereur lui fit déchirer le corps à coups de nerfs de bœuf en ordonnant qu'on l'obligeât par la violence des supplices, à sacrifier aux dieux.

Benignus, pendant ces tortures, priait avec calme et fer-

____

(1) Epagny, à deux heures de chemin environ de Dijon. On y montre encore la fontaine près de laquelle se tenait l'apôtre. (Bougaud.)

veur. On le jeta ensuite dans une basse fosse, et, le lendemain, l'empereur le fit comparaître de nouveau devant lui.

Un ange, pendant la nuit, avait guéri toutes les blessures du martyr, au point qu'il n'en restait plus aucune trace.

Ce fut en vain qu'on essaya de lui faire manger de force un morceau des viandes offertes aux idoles.

On le ramena dans son cachot et on lui scella les jambes dans une pierre que l'on avait creusée pour cet usage.

Les bourreaux, alors, lui transpercèrent chaque doigt dans toute la longueur, avec des pointes d'airain rougies au feu.

Après ce supplice, on fit entrer dans le cachot du glorieux confesseur, des chiens farouches et voraces en compagnie desquels on le laissa pendant six jours sans manger.

— Mes amis, disait Benignus aux soldats, je vous pardonne et je vous aime, croyez en Jésus-Christ comme moi!

Ils l'enfermèrent.

Quand il fut seul avec les chiens, dans les ténèbres du cachot, Benignus se mit à prier et un ange le revêtit de force. Les chiens se couchèrent à ses pieds, léchant la frange de sa tunique. Un pain miraculeux fut sa nourriture, les broches de bronze tombèrent toutes seules de ses doigts et le plomb qui lui scellait les jambes à la pierre, se détacha et tomba de lui-même.

Quand on ouvrit le cachot, le martyr apparut radieux de santé et de grâce.

L'empereur, à cette vue, lui fit briser la tête avec une barre de fer et son âme s'envola vers les cieux sous la forme d'une colombe que les fidèles virent, à ce moment, s'élever de la prison.

Le saint martyr était allé rejoindre ses frères, Andochius et Thyrsus qui, un mois avant, avaient péri du même genre de mort que lui par ordre de Marc Aurèle près de Sidolocum.[1]

(1) Saulieu.

Son corps appesanti par une lourde chaîne fut jeté dans les flots du Rhodanus.
La chaîne se rompit et une noble chrétienne, Tullia,
le déposa en secret dans un tombeau. (P. 63.)

V

IRÉNÉE ET ANDÉOL.

Mais Dieu, dans sa bonté providentielle, ne devait pas permettre à l'ouragan de dévaster la terre de Gaule au point de coucher dans le tombeau tout ce qu'elle avait de glorieux, et, en même temps que la foule des obscurs soldats, le dernier des grands capitaines.

Au moment où commençait à sévir la persécution, notre vénérable père Pothinus voulut sauver et conserver à notre Église naissante celui de ses enfants en qui fleurissaient les plus belles et les plus saintes espérances.

C'était Irénée, le jeune grec, disciple de l'illustre Polycarpe, évêque de Smyrne et martyr.

Irénée, alors, n'était que prêtre, il fut délégué à Rome auprès de notre vénérable père l'évêque Eleutherius, par Pothinus et toute l'église de Lugdunum, afin de porter au père commun de tous les fidèles du monde, les conclusions de notre foi contre l'hérésie[1] et ses doctrines néfastes et ténébreuses qui tentaient d'obscurcir notre âme.

Ce grand saint que vous connaissez, puisqu'il est célèbre

____

(1) Le montanisme.

4

dans toute la Gaule où il a, avec une ardeur incomparable, porté la parole de Jésus-Christ pour combattre les erreurs et les coutumes infernales de votre culte national aggravé encore par les honteuses superstitions religieuses des vainqueurs.

Ce fut lui qui, lorsque la persécution eut privé notre Eglise de son vénérable chef Pothinus, fut reconnu digne à l'unanimité des suffrages de ses frères, d'occuper la place de celui qui était l'évêque des évêques de toutes les Gaules.

Ah! la grandeur d'Irénée, comment la raconter! Un chrétien seul peut l'apprécier à sa juste valeur et Jésus-Christ seul, Notre-Seigneur et notre Dieu lui donner la couronne que mérite son front.

Trait d'union véritable, entre l'Orient et l'Occident, ses œuvres resplendissent sur la pensée des deux pays.

Lutteur acharné et vrai soldat de la lumière et de la vérité, il a également combattu contre les erreurs de l'un et les ignorances de l'autre.[1]

Mais la pourpre royale du martyre l'attendait pour le décorer comme elle avait illustré son saint prédécesseur.

Les cruels édits de Septime-Sévère retentirent comme la foudre et avec d'autant plus d'éclat que les débuts de son règne avaient inauguré une ère de paix pour toute l'Eglise dans l'universalité de l'empire. Sous le coup de ces édits, le monde entier fut troublé et les massacres furent tels qu'il sembla que l'univers allait être submergé par le sang.

C'était à Lugdunum que Septime-Sévère triomphant de la guerre civile, avait écarté son compétiteur César Claudius Albinus.

Lorsqu'il revint dans cette cité dont il croyait le nom

---

(1) Saint Irénée a réfuté la gnose avec sincérité, droiture et conviction, mais sans méthode philosophique. Son génie n'en est pas moins très illustre mais ne peut le placer au nombre des grands philosophes chrétiens.

chrétien à jamais disparu, il apprit avec colère que d'innombrables citoyens éclairés par l'éloquence d'Irénée, refusaient formellement d'adorer les dieux de l'empire.

Son cœur féroce lui inspira un ordre affreux.

Il fit fermer les portes de la cité et la fit envahir par des soldats qui, le glaive à la main, pénétrèrent dans toutes les demeures pour égorger sans pitié quiconque se disait chrétien ou refusait d'abjurer sa croyance nouvelle.

Et Septime Sévère s'était écrié :

— Je n'entrerai à Lugdunum que pour y offrir des sacrifices à mes dieux. Or, mes dieux ne veulent pas que leur culte soit souillé par celui des chrétiens.

Immense fut le massacre ! On n'épargna ni les vieillards, ni les femmes, ni les enfants. Du reste, cette héroïque multitude de chrétiens s'empressait d'elle-même au-devant de ses bourreaux, s'offrant à leurs coups au milieu des transports de la plus sainte allégresse.

Un fleuve de sang coulait dans les rues de la ville, et roulant en torrents dans le Rhodanus et l'Arar, en rougissait les eaux.

Cependant, le César sanguinaire et impie avait donné l'ordre de rechercher Irénée et de le lui amener.

Irénée attendait en paix l'heure de son sacrifice.

Depuis quelques jours, en effet, notre saint évêque avait été informé par une vision céleste de l'imminence du danger qui planait sur son troupeau.

Au milieu de la nuit, alors qu'il était en prières avec le bienheureux Zacharie, un ange du Seigneur lui apparut et lui dit :

— Irénée, tu as beaucoup travaillé, ta récompense est proche. C'est par le martyre que tu entreras dans le royaume des Cieux. Affermis le courage de tes frères, le meurtrier approche et le temps des grands combats n'est pas loin.

« L'antique ennemi se lève ; dis à tes frères de ne pas

craindre ses menaces. Il tue le corps mais il ne peut tuer l'âme. Leur sacrifice sera complet en quelques brèves heures. Quant à toi, ton supplice sera plus long, mais ta récompense n'en sera que plus éclatante. Aiè soin de soustraire au danger le prêtre Zacharie car il devra être ton successeur et confirmer après toi ses frères dans la Foi de Jésus-Christ. »

En entendant l'ange lui parler ainsi, Irénée s'écria :

— O Jésus, mon Seigneur et mon Dieu, lumière éternelle, splendeur de justice, source pure de toute piété, je vous rends grâces pour la bonté avec laquelle vous daignez, par le ministère de votre ange, m'adresser des paroles de bonheur et de consolation.

« Donnez, Seigneur, à ce peuple, la grâce de persévérer jusqu'à la fin dans votre amour! Qu'aucun de vos fidèles ne renonce à sa foi et ne blasphème votre adorable nom! Que votre divine puissance les ombrage de sa force et que tous méritent et conquièrent généreusement par une mort glorieuse et sainte la palme de l'immortalité! »

Après avoir achevé cette prière, le saint pasteur appela les fidèles à l'assemblée afin de les exhorter à ne pas se dérober au combat.

Ayant entendu ses paroles, ils sortirent de l'assemblée et distribuèrent tous leurs biens aux pauvres dans l'attente résignée du martyre.

Ils passaient leurs jours et leurs nuits en prières, dans une extase divine, attendant d'heure en heure le temps de la tribulation et le souffle de l'orage annoncé par l'ange de Jésus-Christ.

Quant le César impie eut ordonné le massacre en masse et que le sang de ses fils eut submergé l'église de Lugdunum, on se saisit d'Irénée et il fut amené devant l'empereur.

En voyant comparaître devant lui le noble apôtre, il fut saisi par un accès de rage et il ordonna d'épuiser contre lui toutes les ressources de la plus atroce cruauté.

Le glorieux soldat du Christ endura tous les supplices avec un courage et une constance invincibles et cueillit la palme du martyre le quatre des kalendes de Juillet.

Quand la nuit fut venue, le prêtre Zacharie recueillit précieusement les reliques[1] du martyr et les déposa dans le tombeau où déjà reposaient les saints ossements de deux autres martyrs, Alexandre et Epipode.[2]

Le sang ne devait pas cesser si tôt de couler, car plus de dix-neuf mille martyrs confessèrent sur ce sol désormais sanctifié, le nom de Jésus-Christ.

Partout le César cruel semait l'horreur.

A Bergoïata[3] où il campait, l'empereur rencontra un apôtre de Jésus-Christ qui annonçait au milieu de la campagne l'Evangile aux pauvres rassemblés autour de lui.

— Qui es-tu? lui dit-il et quelle est ta patrie et ta religion?

— L'Orient est mon berceau, répondit l'apôtre. Je suis venu de Smyrne, envoyé par l'évêque de cette cité, avec plusieurs autres qui sont mes maîtres et mes pères, afin d'annoncer l'évangile du Sauveur du monde et prêcher la doctrine de Jésus-Christ aux peuples qui ne la connaissent pas. Quant à mon nom, puissant César, je m'appelle Andéol.

— Tu es donc venu, s'écria alors Sévère, pour insulter nos dieux et violer les lois de l'empire. Ignores-tu, malheureux, quelle est la rigueur des châtiments qui t'attendent ainsi que ceux que tu as séduits par ta parole mensongère?

Cependant, non content de menacer l'apôtre, l'empereur voulut aussi mettre en œuvre la séduction des promesses.

---

(1) Les reliques de saint Irénée furent conservées à Lyon, dans une chapelle souterraine de l'église dite de Saint-Irénée, sur la montagne de Fourvières, jusqu'à l'an 1562, époque où les huguenots profanèrent le tombeau et dispersèrent les ossements. Le crâne jeté sur le chemin, fut recueilli par un catholique qui le déposa plus tard dans l'église Primatiale de Saint-Jean où on le vénère encore. Darras, *Hist. de l'Egl.*

(2) Bollandistes. *Actes des Saints.*

(3) Entre Arles et Valence aujourd'hui Bourg Saint-Andéol.

— Ecoute, dit-il au confesseur, si tu veux renoncer à ce Christ qui a été mis en croix comme un malfaiteur qu'il était et dont le supplice a expié les forfaits, non seulement tu feras un acte de raison et tu échapperas toi-même au supplice, mais je t'en récompenserai noblement, je te comblerai de faveurs et tu mèneras une existence honorée.

— Je n'adore qu'un Dieu, répondit Andéol avec fermeté, le Dieu unique et véritable qui a fait le ciel et la terre. César! je méprise vos divinités abominables et stupides, ce sont des idoles sourdes et muettes qui sont l'œuvre des hommes et que les démons seuls ont intérêt à faire adorer.

En entendant ces mots l'empereur fit déchirer la chair du martyr avec des ongles de fer rougis au feu, puis son corps tout sanglant fut attaché à une roue, élevée au-dessus d'un brasier entretenu par des irrigations d'huile.

Couché sur cette roue embrasée, Andéol priait en disant :

— Soyez béni, Seigneur Jésus, qui m'accordez de souffrir pour votre nom. Ne m'abandonnez pas dans cette lutte suprême. Et vous, bienheureux père Polycarpe, mon maître, priez pour votre enfant!

Les bourreaux épuisèrent leurs forces à le torturer. Enfin, on le détacha de la roue et on le mena sur l'autre rive du Rhodanus afin de l'enfermer dans un cachot dépendant du temple de Mars, pour l'y garder pendant la nuit.

Vers le milieu de cette nuit glorieuse, une céleste lumière emplit la prison, et les gardes en virent la lueur.

L'ange du Seigneur devant Andéol lui disait :

— Courage, frère bien-aimé, demain tu recevras la couronne du témoignage dans le paradis bienheureux.

Le lendemain, on vint chercher le martyr dans sa prison; toutes ses plaies étaient guéries et entièrement cicatrisées.

A cette vue, l'empereur jura qu'il mettrait fin aux sortilèges de ce magicien. Par son ordre, un soldat saisit l'épée de bois dur dont les gladiateurs se servaient pour faire des exercices d'escrime et, en déchargeant deux coups sur la tête du martyr, lui fendit le crâne en forme de croix.

Son corps appesanti par une lourde chaîne fut jeté dans les flots du Rhodanus. La chaîne se rompit et une noble chrétienne, Tullia, le déposa en secret dans un tombeau païen construit par Julius Crantor et Terentia Valeria pour leur fils.

Nul ne peut savoir quelle est la nature du précieux dépôt confié à ce sarcophage qui est censé contenir la dépouille de Tiberius Julius Valerianus sous l'invocation des *dieux manes*, mais ceux qui l'ouvriront un jour, en pénétreront le secret, par ces lignes encloses avec le saint corps.

« Par ordre de l'impie, ils ont fendu la tête du martyr Andéol en forme de croix.

» Vous qui placez votre espérance dans la vie éternelle, regardez ce tombeau orné sur quatre faces pour annoncer aux quatre coins de l'univers la grandeur du Christ et apprendre aux justes à vaincre dans les combats de la foi. Tu en es un exemple, bienheureux martyr Andéol; l'enceinte de ce petit tombeau renferme ton corps mortel, mais ton âme jouit avec les saints, au delà des astres de la céleste béatitude. Qu'ils viennent à vous de toutes parts, ceux que de cruelles douleurs affligent! Aucun de ceux qui implorent votre secours ne s'en est allé sans en avoir ressenti les effets.[1] »

Telle fut la gloire de l'apôtre de l'Helvie.[2]

(1) On s'était fondé sur l'apparence païenne du tombeau pour conclure au XVIIIᵉ siècle à la fausseté des actes du martyre de saint Andéol, mais en 1860 on a découvert ces inscriptions à l'intérieur du sarcophage usé par l'action du temps. Deux statuettes s'y trouvent en outre sculptées représentant Benigne et Polycarpe les compagnons d'apostolat de saint Andéol. Darras, *Hist. eccl.*

(2) Le Vivarais.

VI

DENYS DE LUTÈCE.

Le royaume des cieux, comme une graine modeste qui détient dans son germe une vie immense, expansive et cachée, une fois semé par le divin Agriculteur sur un terrain favorable, devient rapidement un grand arbre qui épanouit au soleil sa frondaison superbe tandis que son ombre atteint les mauvaises herbes qui meurent à ses pieds gigantesques.

Ce fut dès les premiers temps même que, de Rome, l'évêque des évêques comprit que la Gaule et l'Espagne devaient, à cause de leur importance dans le monde romain, recevoir au plus tôt la mission de la lumière de Jésus-Christ.

Déjà, Massilia[1] avait reçu Lazare l'ami du divin Maître, arraché par lui, pour un glorieux apostolat, à la nuit du tombeau; ses sœurs Marie-Madeleine et Marthe avaient évangélisé le littoral. Eugenius avait porté la foi à Toletium[2] en Ibérie,[3] Julianus fondait l'église de Cenomani[4] qu'il léguait à son successeur Turribius. Sanctinus avec Caraunus évangélisait Autricum et Meldi;[5] Taurinus prêchait Jésus-

(1) Marseille.   (2) Tolède.   (3) Espagne.
(4) Le Mans.   (5) Chartres et Meaux.

Christ à Ebroïcum,[1] Lucianus à Mediolanum,[2] Mansuy à Tullum[3], Nicaisius à Rotomagus,[4] Sixtus à Duro Cortorum,[5] Memnius à Duro Catalaüni,[6] Sinicius à Noviodunum;[7] Trophimus était venu à Arelate[8] envoyé par le premier des apôtres, le vénérable Pierre, et Regulus lui avait succédé. Mais Dyonisius s'arrêta aussi dans cette église pour y prêcher la parole sainte.

Dyonisius arrivait d'Athènes,[9] avec deux compagnons, Eleutherius et Rusticus. Il avait passé par Rome où il avait reçu des mains de Clément, évêque des évêques, la consécration de sa mission.

Au moment où il plaçait le pied sur le sol gaulois, Trophime venait de consommer son sacrifice, et la palme du martyre lui avait été décernée.

Dyonisius prit pendant quelque temps la direction de son troupeau et prouva sa mission par un miracle fameux.

Il y avait, alors, dans la cité d'Arelate, une célèbre idole adorée par tout le peuple. Dyonisius se rendit au temple et, par la seule invocation du nom de Jésus-Christ, ébranla l'édifice et réduisit l'idole en poudre. A la vue de ce prodige, la majorité du peuple se convertit au vrai Dieu. Dyonisius balaya les débris de l'idole impuissante et maintenant abhorrée, et, ayant purifié le temple, le consacra au culte de Jésus-Christ.

Ayant ainsi, en ces régions, affermi la foi dans les cœurs, il établit un pasteur sur le troupeau, fit des envois de missionnaires en Ibérie et partit avec ses compagnons sous la conduite de la Providence divine.

La main de Dieu le conduisit à Lutetia Parisiorum.[10]

(1) Evreux.   (2) Saintes.   (3) Toul.
(4) Rouen.   (5) Reims.   (6) Châlons.
(7) Soissons.   (8) Arles.
(9) Voir le huitième volume. *La Voie mystérieuse.*
(10) Lutèce, petit centre lacustre sur la Seine, qui devait donner naissance à Paris.

Lutetia est le rendez-vous des nobles gaulois de ses environs, à cause de la salubrité de son air, des agréments de son fleuve au cours indolent et argenté, de la richesse de son sol fertile en vignes et ombragé de vastes et profondes forêts.

Tel fut l'endroit que choisit Dyonisius le serviteur de Dieu, pour théâtre de ses travaux apostoliques. Il ne craignit pas d'affronter un peuple infidèle, parce que le souvenir de ses précédents combats le remplissait de courage.

Là, il fit de grandes merveilles, par la grâce de Dieu, et ses miracles convertissaient les peuples autant que la force de sa prédication. Chose admirable, une foule de guerriers farouches ne pouvait résister aux paroles persuasives de cet homme seul et sans armes. Les Gaulois les plus entêtés, se soumettaient à l'envi à la loi de Jésus-Christ.

En arrivant à Lutetia, Dyonisius s'était arrêté au milieu des bois non loin de la petite cité dont on voyait les huttes fermées, dans une île entourée de toutes parts par les eaux du fleuve. Sa réputation l'avait déjà devancé et, bientôt, des auditeurs nombreux l'entourèrent dans la solitude dont il faisait retentir les échos de sa parole puissante.

Un jour qu'il avait converti de nombreux auditeurs, quand la foule se fut éloignée, comme l'apôtre se disposait à regagner l'humble caverne dans laquelle il s'abritait des intempéries et des attaques des fauves, avec ses compagnons dévoués, un homme le tira par son manteau.[1]

— Que me veux-tu? lui demanda l'apôtre.

— Homme saint, lui dit celui qui avait attiré son attention, tu ne me connais pas, je me nomme Lisbius, ta parole me touche et je suis sensible aux grandes choses que tu enseignes. Mais, tu ne peux rester ainsi exposé à tant d'incommodités de toutes sortes dans cette caverne sauvage, viens dans ma maison avec tes compagnons vénérables. Ma

(1) D'après saint Venance Fortunat.

femme est encore dans les ombres de l'ignorance et, peut-être, a-t-elle peu de sympathie pour vous, mais un gaulois est maître chez lui.

Dyonisius accepta, il suivit Lisbius et s'installa dans sa maison qui occupait un vaste terrain sur le bord du fleuve et se trouvait enfermée dans des clôtures solides et étendues.

Chaque jour voyait s'accroître le nombre des chrétiens, et le pasteur réunissait là ses brebis dociles ; là, il catéchisait, enseignait, baptisait, célébrait les mystères.

Mais, bientôt, la maison de Lisbius devint trop étroite pour contenir toute l'affluence du peuple fidèle. A la faveur d'un temps heureusement pacifique, Dyonisius construisit des églises à Jésus-Christ sous le vocable des plus grands de ses saints.[1]

On vit, alors, les idoles détruites par ceux-là même qui les avaient élevées à leurs frais, l'idolâtrie était près de faire un naufrage complet dans cette partie de la Gaule malgré la sourde rage de ceux qui restaient encore attachés au culte des démons et qui frémissaient de colère dans l'ombre de leur cœur.

Tous leurs efforts se réunirent afin de détruire la prospérité de cette Eglise naissante et de sécher dans sa fleur cette moisson sacrée et splendide.

Susciter une nouvelle persécution afin de verser le sang des généreux apôtres et des néophytes empressés à leur voix, arrêter les progrès de la connaissance du vrai Dieu et de ses conquêtes, tel fut leur plus ardent désir.

Les prêtres des idoles se réunissaient en assemblées secrètes pour délibérer sur le parti à prendre contre Dyonisius et ses compagnons, et tous étaient d'avis de les faire périr.

___

(1) La légende dit que saint Denys construisit quatre églises à Lutèce en l'honneur de la sainte Trinité, de la sainte Vierge, de saint Etienne et des apôtres Pierre et Paul.

Plusieurs fois, ils voulurent se saisir de lui, mais son visage resplendissait de l'éclat d'une si pure auréole que la crainte les saisit à chaque fois et que, même, ils comptèrent des défections dans leur collège.

La publication d'un édit de persécution vint, alors, combler leurs vœux et ils acclamèrent avec joie l'arrivée du gouverneur Fescenninus Sizinus.

Cependant, comme si la persécution n'eut pas pu accomplir toute seule contre les vaillants champions de Jésus-Christ son œuvre de haine et de blasphème, comme jadis Judas avait trahi son Maître et Seigneur, la femme de Lisbius, Larcia qui portait une haine mortelle aux chrétiens à cause des largesses de son mari envers ceux qui avaient besoin de secours et d'appui parmi eux, ce qui lui paraissait appauvrir sa maison, dénonça Lisbius au gouverneur comme donnant l'hospitalité au chef des chrétiens de Lutetia.

Le noble Lisbius fut saisi par l'ordre de Fescenninus et, ayant confessé Jésus-Christ avec la plus noble fermeté, il fut immédiatement condamné par le gouverneur à avoir la tête tranchée.

Ce fut lui qui, le premier, versa son sang pour Jésus-Christ à Lutetia dont il fut le premier chrétien et le premier martyr.

Cependant, Dyonisius et ses compagnons devaient avoir à subir de plus rudes assauts et de plus terribles combats.

Les confesseurs avaient proclamé leur foi devant le gouverneur qui les avait fait enfermer dans un cachot obscur au mur desquels on les riva en passant leur tête dans de grosses pierres en forme de carcan, de sorte qu'ils étaient obligés de rester étendus sur le sol dans d'horribles postures.

Au bout de quelques jours, Fescenninus les fit de nouveau comparaître devant lui et les pressa vivement de renier le Christ, employant à cet effet toutes les promesses et toutes les menaces. Devant leurs refus obstinés de sacrifier aux dieux, le gouverneur les fit flageller. Le saint vieillard Dyonisius eut tous les membres déchirés, et les verges mirent les os de son corps à nu. Son sang le couvrait et l'inondait. Mais sa tranquillité ne se démentit pas un instant et il priait en disant :

— « Mon âme, bénis le Seigneur! que tout ce qui est en moi bénisse son saint nom! »

Ses compagnons, Rusticus et Eleutherius, montrèrent autant de courage que leur noble chef.

Fescenninus étonné de leur persévérance, les fit rejeter en prison. Il comptait sur la douleur pour vaincre leur obstination.

Mais, le lendemain, ils conservèrent devant son tribunal, la même attitude que la veille.

Le gouverneur les fit de nouveau flageller et fit étendre Dyonisius sur un gril de fer sous lequel on alluma un feu ardent sans que la patience du martyr se lassât.

Les bourreaux, le voyant invulnérable à la flamme, l'exposèrent à la dent des bêtes féroces qui respectèrent le martyr et se prosternèrent devant lui en lui léchant les pieds.

De plus en plus irrité, le gouverneur fit jeter le saint dans une fournaise ardente, il en sortit plus vaillant.

Alors, il le condamna à être crucifié comme son maître Jésus-Christ, et la foule était si touchée qu'elle se convertissait en masse.

Ce que voyant, Fescenninus fit détacher le martyr de la croix et le jeter encore une fois en prison.

Là, il consola ses compagnons et leur montra de nouveau et plus éloquemment que jamais, la voie du Ciel, les faisant brûler de l'inextinguible soif du martyre.

Larcia même, qui l'avait livrée ainsi que son époux à la vengeance des impies, se convertit et soupira après la palme sanglante du témoignage.

Enfin, le gouverneur condamna Dyonisius et ses deux

compagnons à avoir la tête tranchée sur une colline voisine de la ville[1] et sur laquelle se trouvait un temple dédié à Mercure.

Les martyrs y furent conduits, escortés par une grande foule de peuple tout en larmes.

Arrivé sur le lieu de son supplice, Dyonisius s'agenouilla et, levant les mains et les yeux au ciel :

— Seigneur, pria-t-il, Dieu, Père tout-puissant, Fils du Dieu vivant, et vous, Esprit consolateur, qui êtes un seul Dieu en une seule et même substance et une indivisible Trinité, recevez en paix les âmes de vos serviteurs qui, pour l'amour de vous, sacrifient aujourd'hui leur vie.

Alors, la hache du bourreau abattit leurs têtes.[2]

Le corps de l'illustre évêque n'était pas tombé. Il se leva, soudain, aux yeux épouvantés des exécuteurs, et, prenant sa tête entre ses mains, il la porta au loin dans la plaine, marquant ainsi lui-même le lieu de sa sépulture.

De vagues harmonies remplissaient les airs d'alleluias triomphants, tandis que la foule s'écriait :

— Le Dieu de Denys est grand, il est admirable dans ses œuvres et dans ses serviteurs !

Cependant, le bienheureux martyr rencontrait une femme nommée Catulla, à laquelle il remit sa tête, tandis que son corps se laissait choir à ses pieds.

Ce fut elle qui ensevelit les restes sacrés du martyr ainsi que ceux d'Eleutherius et de Rusticus qu'elle acheta aux bourreaux à prix d'argent.

Et la gloire de Dyonisius, comme une rosée féconde, rejaillit en miracles peu de temps après, sur un de ses disciples, l'évêque Lucianus envoyé par lui évangéliser

----

(1) La Butte Montmartre sur laquelle s'élève aujourd'hui la basilique du Sacré-Cœur.

(1) Ce fut le 9 octobre, vers la fin du règne de Trajan ou au commencement de celui d'Adrien, vers l'an 117 de Jésus-Christ. Saint Denys avait environ cent dix ans.

Belloracum.[1] Lui aussi, eut la tête tranchée par l'ordre du même gouverneur, et lui, aussi, se relevant, porta sa tête jusqu'à sa sépulture, tandis que de nombreux païens chantaient la gloire de Jésus-Christ en demandant le baptême.

Cependant, Dieu qui aime ses saints, fit savoir aussitôt miraculeusement ces événements à l'apôtre d'Arelate,[2] l'évêque Rieul, disciple dévoué de Dyonisius.

Pendant qu'il célébrait les augustes mystères sur l'autel, et qu'il faisait la glorieuse commémoration des apôtres Pierre et Paul, une voix sortit de lui qui ajouta : « Et des bienheureux martyrs Dyonisius, Eleutherius et Rusticus, » en même temps qu'à ses yeux apparaissaient trois colombes qui portaient sur elles ces noms écrits en lettres *de sang*.

Il partit, alors, pour Lutetia. Arrivé dans la cité des Parisii, il s'informa et apprit le nom et la demeure de Catulla. Il s'y rendit aussitôt.

Cette noble femme lui raconta l'histoire des martyrs et particulièrement celle de Dyonisius et le conduisit au lieu où elle avait enseveli son corps.

Là, l'évêque célébra les divins mystères ; il grava sur la pierre la mémoire des martyrs et baptisa Catulla, sur sa demande, car elle n'était encore que païenne.

Fescenninus venait de quitter Lutetia et le disciple du bienheureux Dyonisius put élever sur son tombeau une chapelle de bois à sa glorieuse et sainte mémoire.[3]

(1) Beauvais.

(2) Arles.

(3) Sainte Geneviève, trois cents ans après fit reconstruire cette chapelle en pierres. (Abbé Moriceau. — Saint Denys.)

VII

PONTIUS-BASSUS A NICE. COLUMBA A SENS. PATROCLE A TROYES.

Dans la cité romaine de Cimélia,[1] au pied des montagnes[2] une fervente église florissait.

Nazarius était venu y prêcher la parole sainte dès le premier siècle de l'ère nouvelle, Nazarius auquel succéda son disciple, le gallo-romain Celsus.

Pontius y habitait. Né à Rome d'une famille sénatoriale, il avait été élevé dans les idées païennes et avait suivi les leçons des plus illustres philosophes de la ville des Césars.

Un jour, à l'aurore, il se rendait à l'école de l'un d'eux, lorsqu'en traversant le quartier des Urberavennates il entendit, dans une maison, retentir de pieux cantiques.

Il prêta l'oreille. Les chants disaient :

« *Dominus noster in cœlo! omnia quæcumque voluit fecit.*

» *Simulacra gentium, argentum et aurum, opera manuum hominum.*

» *Os habent et non loquentur, oculos habent et non vide-*

---

(1) Nice dont les dyptiques possèdent une série ininterrompue d'évêques jusqu'à Valérien. (Darras.)

(2) Alpes maritimes.

bunt; aures habent et non audient; manus habent et non palpabunt; pedes habent et non ambulabunt!

» *Similes illis fiunt qui faciunt ea, et omnes qui confidunt in eis!*[1] »

Etonné le jeune patricien s'arrêta.

Quelle était cette poésie étrange ? Que voulaient dire de semblables affirmations ?

Plein d'une curiosité sainte et émue, il osa frapper à la porte.

Une fenêtre supérieure s'ouvrit et un *ostiarius*, penchant la tête, l'aperçut.

Aussitôt, il alla dire à l'évêque qui présidait l'assemblée :

— Vénérable père, il y a en bas un jeune homme qui frappe à la porte avec insistance.

— Fais-le entrer, dit l'évêque, aussitôt inspiré par une clarté de la grâce. Le royaume des Cieux est fait pour les hôtes que le Seigneur nous envoie. Car il est dit : « Frappez et il vous sera ouvert. »

Le jeune homme fut introduit, et l'*ostiarius* le pria d'attendre dans l'atrium que les mystères fussent terminés.

Alors, on vint le chercher et on le fit monter dans un lieu supérieur où se tenait l'assemblée.

En voyant le vénérable pontife, le jeune Pontius se jeta à ses pieds et les baisa en s'écriant :

— Père saint, faites-moi connaître, je vous prie, les magnifiques poèmes que chantait tout à l'heure cette noble assemblée.

---

(1) « Notre Dieu est au ciel ! Tout ce qui existe est l'œuvre volontaire de ses mains.

» Les idoles des nations, en or et en argent, sont l'œuvre de mains humaines.

» Elles ont une bouche et ne parlent pas, des yeux et ne voient pas ; des oreilles et n'entendent pas ; des mains et ne touchent pas ; des pieds et ne marchent pas.

» Que ceux qui les ont fabriquées et qui ont mis leur confiance en elles deviennent semblables à elles. (Psaumes.) »

— Mon fils, lui répondit l'évêque, Dieu m'a révélé l'état de votre âme. Vous cherchez la vérité sincèrement et vous la trouverez comme vous le méritez.

A partir de ce jour, le jeune patricien fut le disciple du pontife. Il prit place parmi les catéchumènes, et, son instruction terminée, il reçut le baptême puis exerça l'apostolat de Jésus-Christ dans sa propre famille.

Bientôt, il convertit le sénateur, son père, et, à l'avènement de l'empereur Decius, il quitta Rome et vint habiter la ville de Cimelia.

Cependant, l'empereur Valerianus avait lancé ses édits de persécution.

Claudius qui était, alors, le gouverneur de la ville, le fit mettre en prison. Mais, comme il était revêtu de la dignité patricienne, il n'osa le faire exécuter sans en référer à César.

Il fit donc demander des instructions à Rome.

L'empereur lui fit répondre que, si Pontius persistait à se dire chrétien, il fallait le punir sans pitié.

Le *prœses* le fit mettre à la torture.

Étendu sur le chevalet, il confessa avec fermeté et sans défaillance, le nom de Jésus-Christ.

Alors, on l'exposa dans l'amphithéâtre, à deux ours.

Mais, au lieu de le déchirer, ces deux fauves lui léchèrent les pieds avec respect.

Désespérant de faire fléchir sa constance, le prœses lui fit trancher la tête.[1]

____

(1) Bollandistes. *Actes des Saints.*

Le 14 mai 259. La ville de Cimelia près de laquelle s'élève la Nice moderne ayant été détruite par les Lombards deux siècles après, il n'en resta plus qu'une célèbre abbaye nommée Saint-Pons-de-Cimiès. Plus tard, les reliques du martyr furent transférées à Tomiers en Languedoc où Ponce, comte de Toulouse, bâtit un monastère qui fut le berceau de la ville de Saint-Pons-de-Tomiers, érigée en évêché par Jean XXII. (Darras.)

Dans le même temps, l'évêque de Cimelia était brûlé vif pour la foi de Jésus-Christ.

Aurelianus était, alors, gouverneur général des Gaules. Grand capitaine, il affectait un grand zèle pour le culte des dieux en même temps qu'une haine farouche contre les chrétiens dont la religion, disait-il, ne tendait à rien moins qu'à détruire l'unité de l'empire.

Parcourant les Gaules, il les semait de martyrs.

Il vint à Senonenses[1] et y apprit qu'une jeune vierge, nommée Columba, appartenant à la royale famille d'un des chefs Ibériques qui avaient conquis le pays et se le partageaient en vertu du droit de conquête, était chrétienne.

En effet, dès son enfance, attirée vers Jésus-Christ, elle lui avait voué son amour.

Quittant, à l'âge de quinze ans, la maison paternelle, elle passa les montagnes et vint dans la Gaule prêcher la foi au divin Maître par sa parole et ses exemples.

Aurelianus la fit comparaître à son tribunal.

En voyant cette jeune fille pleine d'une beauté que rehaussait la grâce céleste qui l'éclairait, il ne put se défendre d'une certaine émotion.

— Ecoute, jeune fille, toi dont la race est illustre, lui dit-il, tu vois qu'en te faisant appeler à mon tribunal j'ai voulu ménager ta noblesse et je t'ai fait donner les égards que l'on doit au rang souverain, au lieu de te traiter comme une captive. Veux-tu être ma fille?

Etonnée, la jeune princesse le regarda.

— Ma destinée sera grande, lui dit Valerianus, et, peut-être, accéderai-je à l'empire; j'ai un fils digne de toi, songe que je t'offre aujourd'hui, peut-être, l'empire du monde.

— Le Christ est mon époux, répondit Columba et je n'en veux pas d'autre.

____

(1) Sens.

— Quelle folie! s'écria Aurelianus, je ne pourrai donc obtenir de toi une réponse raisonnable?

— Quoi de plus raisonnable, au contraire? répondit la jeune vierge. Je vous le répète, le Christ a reçu ma foi et je ne veux pas d'autre époux que lui.

Passant, alors, de la douceur à la colère, Valerianus s'écria :

— Qui donc nous délivrera de ces infâmes chrétiens qui affolent les plus intelligentes personnes et séduisent les plus nobles caractères. Je saurai bien abattre ta fierté et te guérir de ta folie! Qu'on enferme cette jeune obstinée dans une des cellules de l'amphithéâtre voisines du *bestiarium*.

Valerianus poussa plus loin l'infamie et envoya à la vierge un bourreau ignoble plus cruel à la vertu de l'âme qu'à la vie du corps.

A sa vue, Columba comprit et s'écria :

— Insensé! que viens-tu faire ici? Prends garde que Jésus-Christ mon Seigneur et mon Dieu te foudroie à mes pieds!

Et, levant les bras en croix, elle se mit en prière.

Aussitôt, une porte s'ouvrit et, du *bestiarium*, s'élança un des ours captifs et gardés pour les jeux. Il se précipita sur l'audacieux envoyé d'Aurelianus et le renversa par terre.

Mais la jeune princesse eut pitié. D'un geste, elle dompta le féroce animal qui laissa sa proie et vint se coucher, docile, sur le seuil du cachot entr'ouvert.

— Ouvrez les yeux, dit-elle alors au jeune homme, et voyez. Cette bête féroce reconnaît l'autorité et le pouvoir de Jésus-Christ mon Seigneur, serez-vous plus insensé qu'elle et plus aveugle?

Epouvanté, le jeune homme s'était prosterné aux pieds de Columba et, subitement changé :

— Je ne puis résister, dit-il, à la force d'un tel témoignage; oui, Jésus-Christ est Dieu, je le crois maintenant et vous êtes sa servante!

Il sortit, alors, de la prison et se mit à raconter dans toute la ville le prodige dont il avait été l'objet et le témoin.

Arrêté, aussitôt, il fut livré aux plus cruels supplices. Mais il ne faiblit pas et donna généreusement son sang.

Il se nommait Baruca.

Cependant, le fauve était toujours couché à la porte du cachot. Comme une vigilante sentinelle, il refusait de quitter la place que la Providence lui avait assignée.

Pour l'y décider, on entassa des fagots secs auprès de lui et l'on y mit le feu. Pour échapper à la combustion, le fauve se précipita à travers la foule qui le regardait et, bondissant par les rues de la ville, s'enfuit vers les forêts.

Pendant ce temps-là, Columba en prières, ne paraissait pas craindre l'atteinte des flammes qui, bientôt, allaient envahir sa cellule et trancher le fil de ses jours.

Soudain, une pluie tomba, abondante, et le feu fut éteint.

— Voilà, dit Aurelianus en apprenant ces détails, un exemple de l'habileté de ces chrétiens dans l'art de la magie. Le glaive aura raison de cette faiseuse de charmes.

Par son ordre, Columba fut extraite de son cachot et menée au bord d'une source.[1] Elle donna son voile aux licteurs en les priant de lui accorder le temps de faire une prière.

Elle s'agenouilla, et pria avec ferveur, les yeux levés au ciel et les bras en croix.

Puis, elle inclina la tête et le glaive la lui trancha.[2]

Peu de temps après, Aurelianus était à *Tricasses*.[3]

---

(1) La fontaine d'Azon entre les deux villages de Saint-Clément et Saint-Denys.

(2) Le 31 décembre. Plus tard un prieuré maintenant détruit, s'éleva près de cette fontaine qui attire encore des pèlerins de la Bourgogne et de la Champagne. En 620, Clotaire II fonda auprès de ce lieu le monastère de sainte Colombe-lez-Sens. Le culte de sainte Colombe a survécu au temps et à toutes les vicissitudes. (Darras.)

(3) Troyes.

— Y a-t-il ici, demanda-t-il, quelqu'un de cette race maudite des chrétiens?

— Seigneur, lui répondit-on, il y a Patrocle, un gallo-romain d'une naissance illustre qui habite une villa non loin de la cité.

— Qu'on l'amène, dit le farouche gouverneur.

Quand le patricien fut devant lui :

— Dis-moi, lui dit Aurelianus, quel Dieu adores-tu?

— Le Tout-Puissant qui habite les cieux et dont la Providence gouverne le monde, répondit Patrocle.

— Laisse là cette folie! lui dit le gouverneur, adore les dieux de l'empire.

— Il n'y a qu'un seul Dieu!

Promesses, menaces, rien ne put ébranler la fermeté du confesseur de la foi.

On fit rougir au feu des chaînes de fer, on en garrotta les mains de Patrocle et on le jeta en prison.

Trois jours après, l'interrogatoire recommença.

— Offre de l'encens aux statues de Jupiter, d'Apollon et de Diane, dit Aurelianus et je te ferai mettre en liberté.

Mais le noble martyr ne répondit même pas. Sa tête tomba sous la hache du licteur. Deux vieillards chrétiens enlevèrent sa dépouille, et, pendant la nuit, la sépulture lui fut donnée par le prêtre Eusebius assisté du diacre Liberius.[1]

(1) Bollandistes.

VIII

Hélas! les Romains n'étaient pas seuls à verser le sang chrétien. L'empire avec tant de maîtres n'en a plus aucun et les barbares ont beau jeu d'en franchir les frontières.

Pendant que les Perses, dans l'extrême Orient, étaient repoussés par Odenath, les Scythes envahissaient l'Italie, les Herides franchissant les Palus-Mœtides avec cinq cents galères, s'emparaient de Byzance et de Chrysopolis, descendaient à Cysique qu'ils pillaient, puis allaient ravager l'Archipel, la côte du Péloponèse, Corinthe, Sparte et Argos.

Gallianus se mit lui-même à la tête de ses troupes.

Mais il fut assez lâche ou assez prudent pour acheter la paix au lieu de la conquérir; il parlementa avec Maulobat, le chef barbare, le nomma consul romain et lui paya la rançon qu'il voulut pour le décider à quitter le sol de l'empire.

Pendant ce temps là, l'empereur, lâche devant un barbare, ordonnait de massacrer toute la population de Byzance, pour se venger de ce que cette cité, deux ans auparavant, avait laissé passer Macrianus l'usurpateur, à la tête de son armée.

La ville resta ouverte à qui voulait la repeupler.

Les barbares, cependant, envahissaient toujours l'empire.

Un roi des Alamani, Chrocus, avec une armée formidable, envahit la Gaule; ses soldats couvraient le sol sur d'immenses surfaces et cela paraissait plutôt être l'exode de tout un peuple que le campement d'une armée.

Cet orage fondit sur la ville des Lingons[1] dont Desiderius était l'évêque.

Il était en prières, entouré de tous ses frères, lorsque Chrocus entra de force dans la ville.

On le conduisit devant le roi barbare, et Desiderius lui dit, croyant qu'il comprenait sa langue :

— Prince, si votre cœur est accessible à un sentiment de clémence, sauvez la vie de tant de milliers d'hommes innocents et faites cesser le carnage dans une ville maintenant désarmée et sans défense.

Chrocus fit signe à Desiderius qu'il n'entendait pas.

L'évêque, alors, essaya de se faire comprendre par signes et, inclinant la tête, il montra par un geste qu'il se sacrifiait pour son troupeau et offrait sa vie pour ses frères.

Cette fois, Chrocus comprit. Il ordonna à un soldat de faire tomber cette tête généreuse et vénérable.

Et comme il avait accepté la vie du pasteur, il prit aussi celle du troupeau, car il annonça que tous les adorateurs du Christ subiraient le sort de Desiderius.[2]

Semant ainsi la ruine et la mort sur son passage, Chrocus envahit le territoire des Arvernes.

Un temple célèbre dédié à Teutatès le dieu gaulois de la guerre, s'élevait près de la ville des Claramontani.[3]

Le barbare en vola les trésors et y mit le feu.

Parmi les prêtres de ce temple, se trouvait un Gaulois, Victorinus, animé d'une haine violente contre les chrétiens.

Il allait souvent dans un village voisin pour y insulter

(1) Langres.

(2) Darras. *Hist. de l'Eglise.*   (3) Clermont.

Il se leva soudain, aux yeux épouvantés de ses exécuteurs,
et, prenant sa tête entre ses mains, il la porta au loin dans la plaine. (P. 70.)

des disciples de Jésus-Christ que le pieux Cassius y avait réunis sous sa direction.

Un jour, cependant, Cassius rencontra le prêtre de Teutatès et lui ayant parlé comme je te parle, ô Damh, il lui démontra la vérité de la foi chrétienne et le convertit.

La bourgade entière fut massacrée par les ordres de Chrocus. Victorinus, le prêtre de Teutatès, converti à la foi, cueillit en ce jour la palme du martyre avec Cassius, Anatolianus, Maximus, Liminius.[1]

Les Alamani envahirent ensuite tout le territoire de Gabalum[2] dont les habitants épouvantés se réfugièrent sur la montagne fortifiée de Gredona.[3]

Depuis longtemps, Privatus évêque de Gabala s'y était ménagé une retraite.

Il y vivait en solitaire dans une grotte et ne paraissait au milieu de son peuple qu'au temps des grandes fêtes.

L'invasion des barbares avait été si rapide qu'il n'eut pas le temps de rejoindre son troupeau.

Chrocus avait déjà bloqué Gredona.

La place était si forte que les assiégeants restèrent deux années devant elle, fouillant tous les recoins de la montagne, dans l'espoir de découvrir Privatus, car on leur avait dit qu'il n'était pas avec son peuple, n'avait pas eu le temps de rentrer dans la cité et qu'il se cachait dans une grotte.

Ils espéraient pouvoir s'en servir comme d'un négociateur et d'un otage à la fois, pour déterminer les défenseurs de Gredona à capituler.

La retraite de l'évêque fut bientôt découverte.

On l'amena devant le chef des Alamani.

(1) Vulgairement : saint Linguin. Le nom et le culte de ces martyrs se conserve en Auvergne. (Darras. *Hist. Ecclésiast.*)

(2) Mende.   (3) La Grèze.

Chrocus le somma de lui servir d'intermédiaire près des assiégés pour les déterminer à capituler.

— Vous me demandez une chose que je ne saurais faire en conscience, répondit Privatus ; vous pouvez me tuer si tel est votre bon plaisir, mais je ne me prêterai pas à votre désir.

Chrocus le fit flageller cruellement mais ne parvint pas à ébranler sa détermination.

Alors, il le fit conduire en face des assiégés.

— Ordonne-leur de se rendre, lui dit-il, ils te croiront car ils t'aiment et préféreront ta vie à la liberté.

— Ils ne me croiraient pas, répondit le pontife. Un évêque, d'ailleurs, ne peut donner un pareil conseil.

— Sacrifie au moins aux dieux, lui dit Chrocus, je sais que les empereurs romains exigent cela des chrétiens.

— Il est vrai, répondit Privatus, car ils ont le malheur d'être païens comme vous. C'est précisément là ce qui attire sur eux tant de calamités. Mais je n'ai jamais, sur ce point, obéi aux empereurs et je ne vous obéirai pas davantage.

Aussitôt, Chrocus ordonna que le vaillant confesseur fut mis à la torture. Les barbares ne se lassaient pas de le faire souffrir et lui, ne se lassait pas de confesser le nom du Christ.

Pendant qu'il souffrait le supplice, les assiégés firent une sortie soudaine hors de leurs murailles et montrèrent une vaillance qui étonna Chrocus et repoussa ses soldats.

Le roi des Alamani, désespérant de venir à bout de la résistance de Gredona, fit subitement lever le siège.

Les chrétiens délivrés accoururent en grand nombre.

Privatus ne tarda pas à expirer, entouré des pieux fidèles qui baisaient respectueusement ses plaies glorieuses.[1]

---

(1) D'après Vincent de Bauvais cité par Darras.

DEUXIÈME PARTIE

LE SANG DU MONDE ET L'ESPOIR DU TRIOMPHE

I

LES PAPES MARTYRS.

Oui, la Croix a répandu sa divine folie sur le monde, les peuples sont affolés des désirs brûlants du Ciel, les esclaves chantent l'hymne éternel de la délivrance et les gloires incorruptibles de la liberté du Christ. Les hommes libres se découvrent des chaînes plus odieuses que celles des esclaves et veulent les rompre pour toujours, les patriciens et les clarissimes s'aperçoivent que leur patriciat n'est rien et que l'éclat de leur nom n'est que ténèbres. Il s'avance, le troupeau victorieux et triomphant, vers ce capitole invisible qui est la cité sainte de Dieu, afin d'y constituer par le Christ et dans le Christ une inexpugnable forteresse qui sera pour les siècles le refuge, l'espoir et la force de ceux qui ont offert leur front au Signe de la vie.

Il est des chefs qui, d'un point élevé et sûr regardent la bataille et conservent leur vie à leurs soldats.

Dans l'Eglise de Jésus-Christ, il n'en peut être ainsi et les chefs et les pasteurs, vont en tête du troupeau recevoir les premiers coups de l'ennemi.

Car Jésus-Christ, le divin et suprême pasteur, le chef éternel de l'Eglise indéfectible en a donné l'exemple dans un sacrifice nécessaire à la sanction suprême de son dévouement rédempteur.

Que l'ouragan vanne les récoltes avant le moissonneur. L'ouragan fait les semailles, et des épis nouveaux surgis des catastrophes, montreront sur le même champ à l'ouragan dévastateur, la force de la vie.

Ainsi en est-il du peuple chrétien moissonné par les impies, chaque tête qui tombe, chaque goutte de sang répandu est un grain qui germe et qui prépare la radieuse floraison du miracle.

L'impie a cru qu'en frappant les pasteurs il épouvanterait et disperserait le troupeau. Il s'est trompé!

Pour frapper le pasteur, c'est Jésus-Christ qu'il faudrait frapper, c'est l'incréé qu'il faudrait anéantir.

Comme un arbre gigantesque que l'émondage fortifie chaque membre coupé dans le visible à Jésus-Christ, étend la puissance invisible de Jésus-Christ, demain, l'arbre aux pieds sanglants couvrira de sa tête splendide toutes les campagnes de l'univers et il n'y aura plus de fleurs que ses fleurs, plus de fruits que ses fruits.

Depuis Jésus-Christ, ils passent, ces autres christs qui sont ses vicaires, ils passent, sanglants et glorieux.

Pierre, Linus, Clementius, Cletus, Anacletus, Evaristus, Alexander, Sixtus, Telesphorus, Hyginus, Pius, Anicetus, Soter, Eleutherus, Victor. Un siècle a vu tous ceux-là, pasteurs qui ont donné leur vie parmi leur troupeau.

Notre siècle a vu Zéphirinus natif de Rome et fils d'Abundius; il consomma son sacrifice par le glaive et reçut la sépulture dans le cimetière souterrain de la via Appia, le VII des calendes de septembre. Callistus lui succéda; romain aussi, fils de Domitius du quartier des Urberavennates.[1]

---

(1) Le nom de ce quartier de Rome, quatorzième arrondissement de la ville impériale, et nommé autrefois *Trans Tiberius* ou Transtévère, vient de ce que sous

Celui-là essaya de consacrer dans la ville impériale, une basilique au Christ notre Dieu au-dessus de cette terre dans les entrailles de laquelle, jusqu'alors, on l'avait seulement adoré, à cause de la fureur de ses ennemis.[1]

Il avait acquis un édifice qui, jadis, avait été affecté à un usage public, et il s'apprêtait à le convertir en un lieu saint, lorsque les *popinarii*[2] du voisinage s'avisèrent de lui disputer cette propriété.

Ils rédigèrent donc leur revendication qu'ils portèrent au tribunal de l'empereur.

— Voici, lui dirent-ils, que ces gens qu'on nomme chrétiens ont mis la main sur cette maison et vont en faire un temple à leur Dieu. Ne souffre pas cela, César, déboute-les de leur prétention et donne-nous cet édifice pour l'affecter à notre commerce.

Mais l'empereur répondit avec sagesse :

— Il vaut mieux que Dieu soit adoré de quelque façon que ce soit dans ce lieu, que d'y ouvrir un cabaret.

Ainsi, la *basilica* de Calliste est le premier monument que, par la tolérance impériale, on ait pu ouvrir au culte du Christ dans la ville de Rome.[3]

Certes, on adorait Jésus-Christ, depuis longtemps, au

Auguste on y avait établi un camp permanent d'officiers et soldats de marine chargés de recruter leur armée sur le littoral de l'Adriatique dont Ravenne était le port le plus important d'où le nom de leur casernement : *Castra Ravennaiium*. Ils devaient aussi organiser les jeux nautiques dans les amphithéâtres. Il ne restait de traces du nom de ce quartier que dans le *Liber Pontificalis*, lorsque l'archéologie romaine a pu, en ces derniers temps, en reconstituer l'existence. (Darras.)

(1) Un auteur païen, Lampridius, rapporte cette tentative du pape Calliste.

(2) Cabaretiers.

(3) Cette basilique a été rebâtie plusieurs fois. Elle est aujourd'hui un titre cardinalice du nom de Sainte-Marie du Transtévère. Elle avait été dédiée par Calliste au souvenir de l'enfantement de la Vierge *(in partu Virginis)*. Une légende encore vivace raconte qu'en ce temps-là, à la place où s'élève le maître-autel de la basilique actuelle, on vit jaillir une source d'huile qui coula pendant tout un jour

grand jour dans les oratoires des maisons particulières, mais le secret devait planer sur les réunions et tous les masques en voiler le vrai caractère.

Calliste fit creuser, en outre, et aménager le cimetière qui porte son nom sur la via Appia.

Lui aussi, mourut martyr de sa foi, mais son sacrifice est lié à d'intéressants événements ; les voici :

Des présages sinistres effrayaient depuis quelque temps les Romains.

La façade méridionale du Capitole avait été la proie des flammes, et, sous l'action du feu, la statue d'or de Jupiter Capitolin avait perdu le bras gauche.

On offrit en ce lieu un sacrifice expiatoire, et la foudre tomba sur l'autel en tuant quatre des sacrificateurs.

Un jour, une obscurité profonde enveloppa la ville de Rome, sous forme de brouillards si épais, que les habitants sortaient en foule pour aller hors des murs chercher un peu d'air et de lumière.

Un groupe de personnes, passant près du temple des *Urberavennates* au Transtévère, entendit dans le cœnaculum de Calliste retentir les accents de la psalmodie chrétienne. Bientôt, une foule s'ameuta devant la porte.

En effet, les fidèles assemblés, célébraient leurs mystères sous la présidence de l'évêque Callistus.

Dans la foule hurlante et exaspérée se trouvait un personnage consulaire, nommé Palmatius, qui courut chez le préteur lui rendre compte de ce qui se passait.

— Préteur, lui dit-il, les désastres qui accablent notre ville proviennent de la colère des dieux irrités par les crimes qui la souillent. Il est temps de purifier Rome.

sans interruption. Présage — dit la *Chronique* d'Eusèbe — de la grâce céleste que Jésus-Christ allait bientôt répandre sur les nations. L'impiété a ri de ce fait comme miracle, car l'Italie a de nombreuses sources d'huile minérale. Il n'en reste pas moins revêtu d'un caractère providentiel ne fut-ce que par les effets qu'il a déterminés.

— Eh bien! qu'on la purifie, dit le préteur. De quoi s'agit-il?

— Il s'agit des chrétiens qui profanent notre illustre cité.

— J'ai déjà prescrit souvent, dit le préteur, de les punir sévèrement s'ils refusent de sacrifier aux dieux.

— Eh bien! répondit Palmatius, en ce moment même, où le deuil s'est répandu sur la cité, je viens d'entendre une multitude de ces gens chanter leurs hymnes sacrilèges, en se livrant à leurs incantations magiques, dans la région transtibérine.

— Allez-y donc, dit le préteur, je vous donne plein pouvoir pour obliger ces impies à sacrifier aux dieux.

Palmatius prit aussitôt avec lui une petite troupe de soldats et revint avec eux dans le quartier des *Urberavennates*.

Dix d'entre les soldats, par son ordre, montèrent à l'étage du *cœnaculum* dans lequel les fidèles réunis louaient Dieu, pendant que Callistus présidait l'assemblée.

Dans le vestibule, ils eurent à peine le temps d'apercevoir un vieillard, le prêtre Calepodius, qui en gardait la porte et, tout à coup, ils furent frappés de cécité.

— Apportez-nous des flambeaux, crièrent-ils, nous sommes dans la nuit et nous ne pouvons rien distinguer!

— C'est, dit Calepodius, que le Dieu tout-puissant qui voit tout, vous aura, sans doute, frappés d'aveuglement.

Mais les soldats effrayés descendirent l'escalier à tâtons et en se bousculant entre eux.

En les voyant aveugles, Palmatius fut frappé de crainte et d'épouvante et, en toute hâte, il revint trouver le préteur.

— Qu'on m'amène ces soldats! ordonna ce dernier.

Quand il les eut devant les yeux, il constata leur cécité et, s'adressant à tous ceux qui l'entouraient :

— Citoyens, s'écria-t-il, vous avez devant les yeux, par le spectacle de l'infirmité subite de ces hommes, la preuve des coupables maléfices de ces impies.

— Préteur, je t'en supplie, dit alors Palmatius, ordonne que, demain, sans plus tarder, un sacrifice expiatoire soit offert à Mercure au Capitole.

— J'y consens, dit le préteur.

Le lendemain, au Capitole, Palmatius entouré de toute sa famille, amenait des veaux et des porcs pour les immoler au dieu. Déjà, le peuple en rangs pressés, entourait l'autel, et le sacrifice allait commencer lorsque, tout à coup, une vestale appelée Juliana, fut saisie du démon qui, parlant par sa bouche cria :

— Le Dieu de Callistus est le vrai et seul Dieu! Ce sont vos impiétés qui attirent sur vous sa colère. Il détruira votre empire, aveugles qui refusez de l'adorer!

En entendant ces paroles, Palmatius s'était frappé le front. La lumière s'était faite en lui devant les deux prodiges dont il avait été témoin.

Laissant là le sacrifice et les victimes, il sortit du Capitole, l'esprit profondément préoccupé, et se dirigea vers le quartier des Urberavennates. Les chrétiens étaient encore assemblés et chantaient les louanges du Christ dans le cœnaculum sous la présidence de Callistus.

Il entra seul et vint se prosterner aux pieds du pontife en s'écriant :

— Homme vénérable, je reconnais que Jésus-Christ est le Dieu véritable. L'esprit de Python qui anime les démons vient de le proclamer en ma présence par la bouche de la vestale Juliana, au Capitole où j'offrais un sacrifice à Mercure. Je t'en conjure donc, arrache-moi à la servitude de ces démons que j'ai inconsciemment adorés, jusqu'aujourd'hui. Tu prêches une régénération, régénère-moi!

Callistus, à ces paroles, répondit sévèrement :

— Homme ignorant de la majesté terrible de notre Dieu, prends garde, et ne te joue pas ainsi de la vérité par une imposture sacrilège!

— Seigneur, s'écria Palmatius avec feu, je ne te trompe pas. C'est moi qui conduisais hier les soldats frappés subitement par la cécité; aujourd'hui j'ai entendu la vestale Juliana proclamer la divinité de Jésus-Christ et je suis venu aussitôt, converti à ton Dieu qui est maintenant le mien.

Callistus était indécis encore, lorsque le vieux prêtre Calepodius, élevant la voix, lui dit :

— Bienheureux père, ne refuse pas la grâce du baptême à cet homme. Je me charge de l'instruire.

Callistus y consentit. Palmatius passa la journée entière dans le jeûne et la prière, sans sortir du cœnaculum.

Le lendemain, on remplit le bassin avec lequel on baptisait et qui servait de cuve, de l'eau puisée à un puits qui était creusé dans la cour de la maison. Callistus la bénit et dit à Palmatius devant la piscine de la régénération :

— Crois-tu de tout cœur en Dieu le Père Tout-Puissant, créateur des choses visibles et invisibles?

— J'y crois, dit le patricien.

— Crois-tu en Jésus-Christ son Fils unique?

— Oui, j'y crois.

— Crois-tu au Saint-Esprit, à l'unité et à l'universalité de l'Eglise, à la rémission des péchés, à la résurrection de la chair, à la vie éternelle?

Des sanglots répondirent à la question du pontife. Palmatius inondé de larmes, la gorge oppressée, ne pouvait articuler une parole; enfin, il put dire :

— Je crois! je crois! Le Seigneur Jésus-Christ, la vraie Lumière vient de m'apparaître, il a illuminé mon âme!

Callistus le baptisa. Bientôt après, il baptisait aussi sa femme, ses enfants et ses quarante-deux serviteurs.

Depuis ce jour, Palmatius ne pensa plus qu'à soulager les pauvres et il parcourait tous les quartiers de Rome à la recherche des chrétiens qui gémissaient dans les cachots, afin de leur porter les secours de l'âme et du corps,

Cependant, un mois après, le préteur fut informé que Palmatius s'était fait baptiser et prêchait la foi chrétienne.

Il donna l'ordre de l'arrêter.

Le tribun Torquatus se saisit de sa personne et le mena dans la prison Mamertine. On l'en tira le troisième jour, pour le conduire, enchaîné, au tribunal du préteur.

En le voyant, le préteur ordonna qu'on lui enlevât ses chaînes et lui dit doucement :

— Mon cher Palmatius, est-ce que tu serais devenu fou ? Est-il donc vrai que tu as abandonné le culte des dieux pour adorer un esclave crucifié ? Réponds-moi.

Comme Palmatius gardait le silence, le préteur ajouta avec bienveillance :

— Allons, tu peux me parler en toute confiance.

— Puisque vous me donnez cette certitude, dit Palmatius, je vais vous dire la vérité.

— Excepté les injures contre les dieux, dit le préteur, tu peux tout dire avec assurance.

— Excellent préteur, dit alors Palmatius, réfléchissez un peu et dites-moi franchement si ces dieux dont vous parlez ne sont pas de fabrication humaine. Qui devons-nous adorer ? Est-ce l'œuvre d'une main humaine qui peut passer pour une divinité et recevoir nos hommages ? J'en appelle à votre science éclairée, à votre sagesse. Ordonnez à l'un de vos dieux de me répondre quand je lui adresserai la parole et que je l'interrogerai, et s'il me répond, je m'engage à le servir.

— Pourtant, dit le préteur, il fut un temps qui n'est pas loin où tu servais encore ces dieux que tu adorais depuis ton enfance ; pourquoi donc les as-tu reniés et délaissés ?

— J'étais aveugle, dit Palmatius, mais aujourd'hui la vérité s'est manifestée à mon âme. Je supplie Jésus-Christ mon Dieu de me pardonner l'erreur de mon ignorance.

En entendant ces paroles, le préteur sourit et, s'adressant au sénateur Simplicius qui était à côté de lui :

— Mon cher Simplicius, lui dit-il, je vous confie Palmatius, sa folie est inoffensive; emmenez-le, calmez son esprit par de sages entretiens; rendez-le au respect de nos dieux. La république a besoin d'hommes comme lui.

Alors, on revêtit Palmatius de vêtements convenables, Simplicius le conduisit dans sa demeure et recommanda à sa femme et à ses enfants de le traiter avec égards.

Palmatius fut sensible à ces bons traitements, mais il en profita pour se livrer exclusivement au jeûne et à la prière, suppliant Dieu sans cesse et avec larmes de lui pardonner toutes les erreurs de sa vie passée.

Réputé pour sa sainteté, un jour, un catéchumène nommé Félix, demanda à lui parler.

On l'introduisit devant Palmatius qui était dans le tablinum avec la femme du sénateur et d'autres personnes.

Le catéchumène se prosterna à ses pieds :

— Confesseur de la Foi, s'écria-t-il, votre servante Blanda, ma femme, est paralytique; sa paralysie, depuis longtemps, la prive de tout mouvement et a épuisé nos ressources sans succès; priez pour qu'elle obtienne de pouvoir se lever de son lit de douleur et de venir avec moi recevoir le baptême.

Palmatius se prosterna, et, pleurant, pria ainsi :

« Seigneur, mon Dieu, vous qui avez daigné éclairer mon âme d'un rayon de votre grâce, manifestez, en ce moment, la gloire éternelle de Jésus-Christ votre Fils. Guérissez Blanda votre servante afin que tous reconnaissent que vous êtes vraiment le Créateur et le Maître de l'univers.

Quelques instants après, une femme entrait, joyeuse. C'était Blanda qui était accourue et qui dit au confesseur :

— Le Seigneur Jésus-Christ m'a prise par la main et m'a guérie. Baptisez-moi en son nom !

Palmatius, alors, envoya chercher l'évêque Callistus qui vint et baptisa Félix et Blanda.

— Et moi aussi, Seigneur, s'écria Simplicius aux pieds

de Callistus, je veux être baptisé avec toute ma famille.

— Ainsi soit-il, dit Callistus, que le Seigneur Jésus-Christ comble la mesure de sa céleste moisson!

Il les instruisit alors, au nombre de soixante-huit personnes, dans les vérités de la Foi, tandis que le prêtre Calepodius s'écriait, exultant de joie à cette vue :

— Gloire à vous, Seigneur Jésus-Christ, qui daignez illuminer ainsi vos créatures et les appeler à la gloire éternelle en les arrachant aux gouffres ténébreux de l'erreur!

A cette nouvelle, irrité, le préfet du prétoire fit saisir les nouveaux chrétiens. Par son ordre, ils furent condamnés à périr par le glaive, et, afin de donner un exemple éclatant, leurs têtes furent exposées aux diverses portes de Rome.

Le prêtre Calepodius n'échappa pas au massacre et, lui-même, eut la tête tranchée le jour des calendes de mai. Son corps fut traîné par la populace à travers les rues de Rome et jeté ensuite dans le Tibre en face de l'île *Tiberina*.[1]

Calliste, accompagné de dix clercs, s'était enfui.

A peine fut-il en sûreté, qu'il sollicita de quelques pêcheurs, qu'ils recherchâssent le corps de Calepodius. Ils le retrouvèrent et, l'ayant rapporté à l'évêque de Rome, celui-ci le reçut avec joie, l'ensevelit dans des linges garnis d'aromates et, au chant des hymnes, le déposa, le VI des ides de mai, dans un cimetière qui porte son nom.

Callistus était activement recherché par les émissaires du préfet du prétoire qui apprit bientôt que le vénérable évêque était réfugié dans la maison de Pontianus, sur l'autre rive du Tibre, dans le quartier des Urberavennates.

Par son ordre, la maison fut cernée par les soldats auxquels il fit défense d'y laisser entrer aucune provision de bouche.

Pendant quatre jours, Callistus demeura sans manger,

---

(1) Aujourd'hui île S.-Barthélemy à cause de l'église de S.-Barthélemy, apôtre, dont le titre est cardinalice sous le nom de S. Barthélemy en l'île.

puisant ses seules forces dans le jeûne et la prière.

En voyant ce prodige, le préfet du prétoire ordonna de frapper, chaque matin, Callistus à coups de bâton et de tuer quiconque essayerait de pénétrer dans la maison.

Cependant, une nuit, le martyr Calepodius apparut à Callistus et lui dit :

— Père, prenez courage, l'heure est proche. Votre couronne sera proportionnée à vos souffrances.

Callistus ne cessait pas de prier.

Parmi les soldats, il s'en trouvait un nommé Privatus, affligé d'un ulcère qui le faisait horriblement souffrir.

Il se prosterna aux pieds de Callistus et lui dit :

— Guéris-moi, je t'en prie, ton Dieu a rendu la santé à une paralytique, il peut bien faire disparaître les ulcères qui me rongent.

— Mon fils, dit Callistus, si tu crois en Jésus-Christ et te fais baptiser au nom de la Trinité sainte, tu seras guéri.

— Je crois, dit Privatus. Daigne me baptiser de ta propre main, car je suis certain que le Seigneur me guérira.

Callistus, alors, lui administra le baptême. Aussitôt son ulcère disparut. Transporté, le soldat s'écria :

— Le Seigneur Jésus-Christ que prêche Callistus est le seul Dieu véritable et saint ! Au feu les vaines idoles et les statues muettes et inertes ! Le Christ est le Dieu éternel !

Bientôt, on apporta la nouvelle de ce qui venait de se passer, au préfet du prétoire qui, exaspéré, fit flageller Privatus à coups de lanières plombées jusqu'à ce que la mort vint terminer son martyre.

Callistus, une pierre attachée au cou, fut précipité dans un puits que l'on combla ensuite de gravats jusqu'aux bords.

Ce ne fut que dix-sept jours après que le prêtre Asterius accompagné de plusieurs clercs vint, pendant la nuit, travailler à dégager le puits.

On retrouva le corps de l'évêque Callistus et on l'ensevelit dans le cimetière de Calepodius sur la via Aurelia, la veille des ides d'octobre.[1]

Urbanus lui succéda. Romain d'origine, il était fils de Pontianus, dans la maison duquel Callistus avait trouvé un refuge bientôt découvert par les soldats du préfet.

Sous son pontificat, la glorieuse Cœcilia, descendante de la famille illustre des Cœcilii, subit le martyre avec son époux non moins illustre.[2]

Quelques semaines après, l'évêque Urbanus fut découvert dans le cimetière souterrain avec trois diacres et deux prêtres par Carpasius, un des officiers du préfet de Rome.

En le voyant, le préfet de Rome Almachius frémit.

— Est-ce là, dit-il, cet Urbanus, ce séducteur déjà condamné deux fois et dont les chrétiens ont fait leur chef?

— Oui, répondit Urbanus, c'est moi qui séduis les hommes pour leur faire abandonner la voie du crime et les conduire dans le chemin de la vérité.

— Belle vérité que celle qui consiste à outrager les dieux et à se révolter contre les empereurs!

— Il est vrai, dit Urbanus, je n'adore pas vos dieux et je ne crains pas vos princes. Faites votre devoir.

— Vous êtes témoins, dit Almachius aux assistants, que faut-il faire de ces impies?

— Envoyez-les, cria la foule, au *Pagus Triopius* et enfermez-les dans la prison du temple de Jupiter!

Ainsi fut fait.

Pendant la nuit, les chrétiens ayant séduit à prix d'argent le geôlier Anolinus, vinrent aux pieds du pontife lui demander sa bénédiction. Ils ne s'éloignèrent qu'au lever du soleil après avoir reçu le baiser de paix.

Ramené devant le préfet :

---

(1) Actes de S. Calliste, pape. Bollandistes. Martyrologe romain.
(2) Voir le volume précédent.

— Ne t'obstine pas, dit Almachius à Urbanus, sacrifie aux dieux qu'adorent les empereurs. Déjà, pour avoir suivi tes funestes conseils, cinq mille hommes ont péri. Tu es responsable de leur mort.

— Ils n'ont pas péri comme vous le croyez, répondit Urbanus, ils sont glorieusement montés au ciel.

— Ainsi, c'est dans ce fol espoir et pour cette duperie que Cœcilia, son époux et son beau frère ont sacrifié leur brillante existence pour aller au supplice? En tout cas, restitue les richesses qu'ils t'ont laissées.

— Au nom du Créateur à qui vous devez vos hommages, répondit Urbanus, ceux dont vous parlez ont distribué leurs biens aux pauvres.

— Le temps de l'arrogance est passé, dit le préfet, obéis ou meurs?

— Ceux-là seuls mourront, dit Urbanus, dont la foi et les œuvres outragent le Dieu vivant.

— Et vous, demanda le préfet aux prêtres Jean et Mamilianus, êtes-vous aussi dans les mêmes sentiments?

— Hélas! répondirent-ils, les paroles que vient de dire notre Père Urbanus sont des paroles de salut; mais les âmes criminelles sont insensibles à la voix de la sagesse.

— Vous êtes encore pires que ce vieux fou, cria Almachius. Misérables, condamnés tant de fois, n'avez-vous pas honte de persévérer dans votre impudence? Qu'on les flagelle avec des fouets plombés!

— Seigneur, dirent les martyrs pendant tout le temps que dura le supplice, nous vous rendons grâces!

— Les infâmes! hurla le préfet, leur magie les préserve!

— Comprenez plutôt, lui dit Urbanus, que c'est vous qui êtes devenu semblable à vos dieux impuissants à voir et à entendre quoique ayant des yeux et des oreilles.

— Comment! tu insultes les dieux eux-mêmes, à présent, s'écria Almachius, tu paieras tes blasphèmes de ta tête, j'en prends à témoin toutes les divinités de l'empire !

— L'histoire, répondit Urbanus, est là pour vous apprendre le respect que méritent vos idoles. Mais le Dieu vivant, celui que nous adorons et qui est l'auteur de toutes choses, nous a fortifiés et nous a dit : « Ne craignez pas ceux qui tuent le corps et ne peuvent rien sur l'âme.[1] »

— Je te comprends, dit le préfet. A ton âge on a assez de la vie et l'on aspire au repos que donne la mort. Et voilà pourquoi tu pousses ces jeunes gens à t'imiter, jaloux de leur jeunesse et parce que tu veux te consoler de ta vieillesse en les entraînant avec toi dans le gouffre du trépas.

— Vos paroles sont un odieux mensonge, s'écria Jean, l'un des prêtres qui accompagnaient Urbanus. Dès son plus jeune âge, notre Père n'a vécu que pour Jésus-Christ et a considéré la mort comme un bien. Plusieurs fois il a confessé sa foi devant les juges et exposé sa vie pour ses frères.

Le préfet fit reconduire les confesseurs en prison et ils y furent de nouveau visités, la nuit, par leurs frères.

Parmi ceux-ci, il y avait trois tribuns, Fabianus, Callistus, Ammonius et deux prêtres nommés Fortunatus et Justinus. Ils vinrent frapper à la porte du cachot.

Le diacre Martialis qui s'y tenait en vigie, vint annoncer leur présence à Urbanus qui, aussitôt, sollicita du geôlier Anolinus qu'il les laissât entrer. Ils vinrent s'agenouiller devant le pontife en pleurant et lui dirent :

— Priez pour nous, très saint Père, car la persécution redouble sa fureur et notre heure est proche.

— Mes fils chéris, répondit Urbanus, ne pleurez pas, mais, au contraire, soyez dans l'allégresse. Ces affreuses tribulations sont la porte du royaume éternel de Dieu.

Toute la nuit ils chantèrent des psaumes et des hymnes, implorant la miséricorde divine.

(1) S. Matthieu, x, 28.

A ce spectacle, le geôlier Anolinus fut touché jusqu'aux larmes. A son tour, il vint s'agenouiller devant Urbanus et lui dit en pleurant :

— Père saint, baptise-moi, car je crois en ton Dieu qui a de tels serviteurs.

— Mon fils, dit l'évêque, crois-tu de tout ton cœur en Jésus-Christ?

— J'y crois, dit le geôlier.

Aussitôt, Urbanus lui conféra le baptême et l'onction sainte.

Comme le jour se levait, l'Evêque des évêques célébra les mystères et fit participer au céleste banquet tous ceux qui étaient présents. Au bruit de cette conversion, le préfet s'irrita davantage encore; il fit amener les captifs à son tribunal et dit à Urbanus :

— Quoi! il ne te suffit pas de t'entêter dans ta folie sacrilège, tu fais encore de nouvelles dupes! Anolinus s'est laissé séduire par le poison de tes lèvres.

— Malheureux que je suis! s'écria alors Anolinus, j'ai vécu jusqu'ici sans connaître mon Créateur et mon Dieu. Béni soit-il d'avoir daigné enfin éclairer mon cœur!

Almachius le condamna immédiatement à mort; il fut conduit au temple de Diane, et, ayant refusé de sacrifier, eut la tête tranchée le XV des calendes de juin.

Urbanus et ses compagnons furent si cruellement flagellés que le diacre Lucianus expira sous les verges.

Le prêtre Fortunatus put racheter son corps et le déposer dans le cimetière de Pretextatus le XII des calendes de juin.

Trois jours après, Almachius faisait conduire l'évêque Urbanus et ses compagnons au temple de Diane sur la via Nomentana, afin qu'ils eussent la tête tranchée en cas de refus de leur part de sacrifier.

En route, le saint évêque consolait ses frères en disant :

— Le Seigneur nous appelle en nous disant : « Venez à moi, vous tous qui êtes las de vos fardeaux et je vous délasserai. » Jusqu'ici nous ne l'avons vu que sous les voiles, bientôt nous le verrons face à face !

— Il est inutile, dirent-ils aux licteurs, de nous proposer de sacrifier, nous ne ferons pas ce que nous avons tant de fois déjà refusé de faire. Faites donc vous-mêmes ce que vous avez à faire.

Malgré ces paroles, les prêtres les firent entrer au temple et voulurent les obliger à sacrifier. Mais ils refusèrent obstinément. On les fit alors sortir et on leur trancha la tête.

Leurs corps furent recueillis, la nuit suivante, par les trois tribuns, Fabianus, Callistus et Ammonius qui, aidés de leurs frères, les ensevelirent dans le cimetière de Pretextatus le VIII des calendes de juin.[1]

Pontianus succéda à Urbanus. Il était natif de Rome et fils de Calpurnius. Déporté dans l'île de Buccina[2], il y souffrit le martyre. Le grec Anteros lui succéda et ne tarda pas à les suivre sur la voie douloureuse du sacrifice.

Il avait fait cacher dans le lieu le plus secret de l'église les actes des martyrs soigneusement recueillis par les *notarii*.

Le préfet de Rome, Maximus, voulut les lui arracher et le somma de les livrer. Mais Anteros refusa.

Il avait, en effet, compris combien il était utile de recueillir avec le plus grand soin tous ces rapports que les notarii rédigeaient, afin d'en faire un monument d'édification pour toute l'Eglise et pour la postérité.

Un mois et douze jours s'étaient écoulés depuis son élection lorsqu'il cueillit la palme du martyre. Il fut enseveli sur la via Appia dans le cimetière de Callistus le III des nones de janvier. Ce fut le romain Fabianus qui ceignit, après Anteros, la sanglante et redoutable couronne pontificale.

---

(1) Bollandistes. Actes du pape S. Urbain.

(2) En Sardaigne. C'est l'île nommée aujourd'hui *Isola del Tavolato*, en face du village de Terra nuova, l'antique Phunnasia.

Il était fils de Fabius, de l'illustre *gens* Fabia, l'honneur du patriciat romain. Toute l'histoire répète les grands noms de cette clarissime famille, depuis Fabius Maximus vainqueur des Sarmates et des Etrusques,[1] le fameux Cunctator, ennemi farouche d'Annibal,[2] jusqu'à Quintus Fabius Maximus qui vainquit les Allobroges.[3]

Mais nul ne songeait à lui, quoique plusieurs fussent d'avis de donner leurs suffrages à un patricien qui eut pu être, en ce temps, plus spécialement utile à l'Eglise.

Fabianus n'était pas revêtu du plus petit ordre ecclésiastique. De plus, il était absent. Mais l'Esprit souffle où il veut.

Fabianus revenait de la campagne lorsque la pensée lui vint d'entrer dans le *prœdium* devant lequel il passait.

— Seigneur, lui dit l'ostiarius, hâtez-vous de descendre dans le cimetière, car tous les frères sont réunis pour nommer le successeur du bienheureux martyr Anteros.

Fabianus descendit. Il s'arrêta, debout, sous la clarté d'un *luminarium*, et se mit en posture de prier.

Un rayon illuminait son visage, et sur ce rayon qui partait du lucernaire à ciel ouvert, une colombe glissa qui vint reposer son vol sur sa tête.

A cette vue, l'assemblée transportée s'écria :

— Le voilà ! c'est lui ! Il est digne ! Il est digne !

Aussitôt, Fabianus, malgré sa résistance, fut entouré et assis par acclamation sur le trône pontifical.[4]

La vie austère de Fabianus devait justifier ce choix.

Il cueillit la palme du martyre sous Décius dont l'horrible fureur fut telle que, pendant quelque temps, on ne put lui donner un successeur. Enfin, Cornelius fut nommé pour

---

(1) 325 av. Jésus-Christ.

    (2) 205.   (3) 122.

(4) Eusèbe. *Hist. Eccl.* Le *Liber Pontificalis* ne parle pas de cet incident que nous ignorerions sans Eusèbe.

lui succéder. Il était romain d'origine et fils de Castinus.

Déjà la chaire de Pierre portait ombrage au trône des Césars qui ne pouvaient ignorer que le Pontife était en correspondance avec tout l'univers dont les évêques le reconnaissaient comme leur père et leur arbitre souverain.

Decius informé que Cornelius avait reçu des lettres de Cyprianus, évêque de Carthage, le fit comparaître devant lui.

Ce fut le préfet de Rome qui amena, là nuit, devant l'empereur, dans le temple de Tellus, le pontife chrétien.

— Tu as donc juré, lui dit Decius, de fouler aux pieds le respect dû aux divinités de l'empire, aux lois, à ma personne et à mes décrets? Je sais que tu écris et que tu reçois des lettres subversives de l'ordre public!

— Il est vrai, César, j'ai reçu des lettres qui m'étaient envoyées par une assemblée d'évêques du Christ. Mais, dans ces lettres, il n'y a rien de subversif ni d'hostile à l'empire. Elles se rapportent uniquement au salut des âmes.

— Tu sacrifieras! s'écria Decius en fureur. Qu'on le frappe au visage à coups de fouet plombé et qu'on le conduise au temple de Mars pour y sacrifier. S'il s'y refuse, qu'on lui tranche la tête.

Le pontife, conduit au temple du dieu de la guerre, y périt par le glaive et son corps, recueilli par Lucina, fut enseveli, avec l'aide du clergé de Rome, dans un prœdium qui lui appartenait sur la via Appia au cimetière de Callistus.

Trente-cinq jours après, Lucius le Toscan, natif de Lucques, montait sur la chaire de Pierre.

Il subit l'exil et la mort pour la foi, et, en marchant au supplice, confia son troupeau à l'archidiacre Stephanus.

Peu de temps après, l'assemblée fidèle acclamait Stephanus et l'invitait à s'asseoir sur la vénérable chaire.

Il y resta quatre ans et vit venir l'heure des tribulations sanglantes. Assis sur son siége pontifical, il l'annonça aux fidèles réunis autour de lui dans le silence du cimetière.

— Mes frères bien-aimés, leur dit-il, l'heure est venue !
Écoutez, pour la dernière fois, la voix de votre pasteur,
pauvre pécheur et serviteur indigne de Jésus-Christ. Prenez
tous votre croix et suivez le Sauveur jusqu'au Calvaire.
Amenez devant moi les catéchumènes qui ne sont pas encore
baptisés, je leur donnerai le sacrement de la régénération et
ils seront armés pour les combats du Seigneur.

Quelques jours après, l'orage se déchaînait.

Le greffier Maximus était jeté dans le Tibre du haut du
pont Milvius; Adrias et Paulina avec leurs enfants, les
diacres Marcellus et Hippolythus périssaient par le glaive
ainsi que le tribun Nimesius et sa fille Lucilla qui avait
recouvré la vue par les prières de l'évêque Stephanus.
L'intendant Sempronius, le tribun Olympius et sa femme
Exuperia étaient brûlés vifs. Les deux sœurs Rufina et
Secunda étaient décapitées avec Tertullianus, intendant du
martyr Olympius.

L'évêque Stephanus ne tarda pas à être désigné aux
recherches et on le saisit bientôt avec plusieurs de ses prêtres.

L'empereur Valerianus le fit paraître seul devant lui,
comme si le trône de César eût voulu entrer seul à seul en
composition avec la chaire de Pierre.

— C'est toi, dit Valerianus, qui tentes de renverser
l'empire et qui séduis le peuple au point de lui persuader de
quitter le culte des dieux?

— Je ne cherche pas à renverser l'empire, dit Stephanus,
j'exhorte le peuple à abandonner le culte des démons que
vous adorez dans vos dieux. Je prêche le vrai Dieu et celui
qu'il a envoyé, Notre-Seigneur Jésus-Christ.

— Tu seras conduit au temple de Mars, dit Valerianus,
et tu y sacrifieras ou tu auras la tête tranchée.

Ainsi mourut Stephanus par le glaive et son corps fut
déposé dans le cimetière de Callistus. Avant de mourir, il avait
confié à Sixtus, son archidiacre, le gouvernement de l'Eglise.

Sixtus était grec d'origine et il avait passé de la philosophie à la foi; les suffrages de l'assemblée se portèrent sur lui. C'était le deuxième du même nom.

Il célébrait les augustes mystères au cimetière de Callistus, lorsque les soldats le saisirent pour le supplice.

L'archidiacre Laurentus le suivait en gémissant :

— Où allez-vous, mon père, sans votre fils? lui disait-il, où allez-vous, Pontife saint, sans votre diacre?

— Ce n'est pas moi qui te délaisse, ô mon fils, dit Sixtus. Mais un plus grand combat t'est réservé, tu me suivras dans trois jours.

Sa tête tomba; il avait porté onze mois la couronne pontificale et envoyé dans les Gaules Peregrinus à Auxerre.

Trois jours après, le préfet de Rome ayant songé que les chrétiens devaient posséder de grands trésors, fit comparaître devant lui l'archidiacre Laurentus.

— Vous autres, chrétiens, lui dit-il, vous vous plaignez que nous vous traitons cruellement. Il n'est point, pour le moment, question de supplices, je ne vous demande que ce qui dépend de vous. On dit que dans les cérémonies de votre culte, les pontifes offrent des libations avec des vases d'or; que le sang des victimes est reçu dans des coupes d'argent et que, pour éclairer vos sacrifices nocturnes, vous fixez des cires sur des candélabres d'or. Montrez-moi ces trésors et remettez-les-moi; l'empereur en a un urgent besoin pour payer ses troupes et rétablir les finances de l'Etat.

« J'ai appris, que, selon votre doctrine, on doit rendre à chacun ce qui lui appartient; or, l'empereur reconnaît comme lui appartenant la monnaie sur laquelle est empreinte son auguste image; rendez donc, comme vous le dites, à César ce qui appartient à César. Si je ne me trompe, votre Dieu ne fait pas battre monnaie; il n'a pas apporté d'argent en ce monde, il n'y a apporté que des paroles, rendez-nous donc l'argent et gardez les paroles. »

— Certes, répondit Laurentus, notre Eglise, je le reconnais, est riche de trésors qui surpassent ceux même de l'empereur. Je vous ferai voir ce que nous possédons de plus précieux, donnez-moi seulement un peu de temps pour mettre tout en ordre, dresser l'état de nos richesses et en établir le compte.

— Prends donc trois jours, dit le préfet, et prends garde de manquer à ta promesse.

Laurentus accepta ce délai et l'employa à ramasser tous les malheureux que l'Eglise nourrissait.

Il les rassembla dans l'église et vint dire au préfet :

— Venez, maintenant, si vous voulez voir nos trésors, vous verrez une grande salle pleine de vases précieux et des lingots d'or entassés sous des galeries.

Le préfet le suivit avec un empressement avide.

Quand il vit cette assemblée de malheureux infirmes de toutes sortes, paralytiques, lépreux, aveugles, boiteux, malades couverts d'ulcères, il fronça durement les sourcils.

— Est-ce là, gronda-t-il, ce que tu m'as promis?

— Oui, dit Laurentus, ce sont là nos trésors, j'y ai ajouté des diamants et des pierreries : les vierges et les veuves. Voilà la couronne de l'Eglise. Profitez de ces richesses, pour Rome, pour l'empereur et pour vous-même.

Par ordre du préfet, un énorme gril de fer fut apporté et l'on en garnit le dessous de charbons enflammés.

Sur ce lit horrible, on étendit Laurentus qui subit sans se plaindre, la torture du feu. Il trouva même la force de dire avec ironie au préfet qui assistait au supplice :

— Faites-moi retourner, je suis assez rôti de ce côté. C'est assez cuit, vous pouvez manger !

Et ce fut ainsi qu'il cueillit la palme des martyrs.

Ce ne fut qu'un mois et demi après, que l'on put donner un successeur à Sixtus. Il s'appelait Dyonisius et lui, grâce à une période de calme, s'endormit dans le Seigneur, après avoir gouverné l'Eglise pendant dix ans.

Félix lui succéda; né à Rome et fils de Constantius, il resta cinq ans et dix mois sur le siège du bienheureux Pierre.

Aurélianus, d'abord indifférent aux chrétiens, avait, sous la pression de ses conseillers, rallumé la persécution.

Félix en fut la première victime et il cueillit dans les tourments la palme glorieuse du martyre.

Un Etrusque, Eutychianus, lui succéda. Il gouverna l'Eglise sous les règnes d'Aurélianus, Tacitus, Probus et Carus, depuis le consulat d'Aurélianus III jusqu'aux ides de décembre, sous le consulat de Carus II et Carinus.

Il envoya dans les Gaules Clarus, qui est venu avec le diacre Adeodatus évangéliser la cité des *Namnetenses*.[1]

Eutychianus mourut en paix. Caius lui succéda, il était de Dalmatie et de la famille de Diocletianus.

Une jeune vierge, nommée Suzanne, était la nièce de l'empereur et du pape Caius, et l'empereur voulait lui faire épouser Galérius qu'il avait décoré de la pourpre.

L'événement devait ruiner ses espérances.

La jeune vierge, en effet, avait juré qu'elle n'appartiendrait qu'au divin époux Jésus-Christ. L'impératrice Prisca fut chargée par l'empereur de négocier l'affaire.

L'impératrice manda la jeune fille. Bientôt, elle connut le secret de son cœur; Prisca elle-même était chrétienne.

Les deux princesses prièrent ensemble, attendant que l'empereur se prononçât plus nettement. Pendant ce temps-là, elles assistaient aux assemblées chrétiennes.

Un jour, Curtius, confident de l'empereur Diocletianus, se présenta devant l'impératrice:

— Mon auguste maître, lui dit-il, m'envoie vous dire qu'il compte célébrer demain les noces de Suzanne avec le César Galérius.

— Il me semble, répondit Prisca, que Suzanne n'a pas

(1) Nantes.

Un énorme gril de fer fut apporté,
et l'on en garnit le dessous de charbons enflammés. (P. 105.)

été consultée, et cela me paraît nécessaire ; en outre, elle me paraît sympathiser fort peu avec Galérius.

Informée de ce qui venait de se passer, Suzanne versa un torrent de larmes et affirma à l'impératrice Prisca qu'elle mourrait plutôt que de consentir à trahir ses serments.

A cette nouvelle, Diocletianus, irrité, ordonna de la chasser du palais et de la renvoyer chez son père Gabinius.

— Allez, ma fille, lui dit Prisca en la bénissant, le Dieu qui, jadis, protégea la juive Suzanne, saura faire de même pour la chrétienne Suzanne.

De son côté, l'empereur s'en prit à l'impératrice et lui dit :

— Comment donc n'avez-vous pas pu arriver à déterminer Suzanne qui est un modèle de douceur et de sagesse, à consentir ? Elle eut comblé ainsi tous nos vœux.

Longtemps, l'impératrice dissimula la vraie raison ; enfin, elle se décida à la confier à son époux.

— C'est que, dit-elle, Suzanne est chrétienne et a fait vœu de virginité.

— N'est-ce que cela ! s'écria l'empereur, je m'en charge.

Et, appelant un de ses officiers :

— Ecoute, Macedonius, lui dit-il, Suzanne est rentrée sous le toit de son père ; je te confie le soin de la circonvenir habilement et, sans éclat ni publicité, de l'amener à sacrifier aux dieux. Vas.

L'officier se rendit aussitôt à la demeure de Gabinius dans le quartier de Salluste. Il portait une petite statue d'or de Jupiter Capitolin posée sur un pied entouré de diamants.

— Salut, dit-il, dès qu'il vit la jeune fille, l'empereur m'a chargé de vous remettre ce présent. Adorez le dieu César.

La jeune fille prit la statue et, sans hésiter, la jeta par la fenêtre sur la place où elle vint se briser aux yeux des passants.

L'officier n'avait pas prévu cet éclat. Il prit sa course vers le palais et raconta à l'empereur ce qui venait de se passer.

— Voilà donc, s'écria Diocletianus, à quel point ces chrétiens fanatisent ceux qui les écoutent! Maximianus Hercules et Galérius, mes collègues, ont bien raison de me presser de faire, une bonne fois, périr tous ces impies. L'empire, comme ils le disent si bien, a pour premier et mortel ennemi Jésus-Christ dont la croix les affole. Il faut en finir avec cette religion qui trouble le monde, bouleverse la société et ébranle les trônes. Ne suis-je pas le seul dieu vivant? J'en prends à témoin ce peuple qui m'acclame du titre d'Eternel.[1]

— Macedonius, cours au quartier de Salluste et débarrasse-moi de cette jeune fanatique; un coup de poignard est tout ce qu'il faut.

Quelques instants après, Macedonius tranchait avec son glaive, la tête de la vierge chrétienne.

La nuit venue, l'impératrice Prisca vint éponger le sang de la martyre. Son corps fut déposé dans le cimetière d'Alexandre *in Arenario*.

Quelques mois s'étaient à peine écoulés que la persécution sévissant avec fureur, le prêtre Gabinius et son frère, l'évêque Caïus, cueillaient la palme du martyre.

Dioclétien avait creusé un abîme entre son trône et la chaire de Pierre, son royaume et celui de Jésus-Christ.

Deux mois s'écoulèrent avant que les fidèles de Rome pussent même tenter une réunion.

Enfin, il fut possible de s'assembler, et Marcellinus, fils de Projetus et enfant de Rome, ceignit la couronne pontificale et prit la houlette du Pasteur des pasteurs.

(1) Dioclétien se faisait appeler : Votre Eternité !

EN MON NOM.

— Veux-tu savoir, ô Gaulois, quelle est la puissance de
ceux que revêt le nom du Seigneur?

« Avant de quitter la terre, Jésus-Christ, Fils de Dieu,
notre divin Maître et Seigneur, a dit à ses premiers disciples :

« Allez, enseignez toutes les nations ; comme mon Père
m'a envoyé, je vous envoie. Celui qui croira et sera baptisé
sera sauvé, celui qui ne croira pas sera condamné. Or, voici
les miracles qui accompagneront ceux qui croiront : En mon
Nom, ils chasseront les démons ; ils parleront de nouvelles
langues ; ils prendront entre leurs mains des serpents veni-
meux, et, s'ils boivent un breuvage léthifère, ils n'en ressen-
tiront aucun mal ; ils imposeront les mains aux malades et
les malades seront guéris. Vous avez vu mes œuvres, sachez
que ceux qui croiront en moi feront les mêmes œuvres et
même de plus grands prodiges encore. Ayez seulement de
la foi comme un grain de sénevé et vous pourrez transporter
les montagnes. »

» Je t'ai dit, déjà, quels étaient les miracles opérés
par notre divin Maître pendant sa vie mortelle : expul-
sion des démons, guérison des malades, résurrection des

morts et tant d'autres que je t'ai longuement énumérés.

» Tu sais qu'à peine le Saint-Esprit promis était-il descendu sur les Apôtres qu'ils furent des hommes nouveaux.

» Ils parlaient en leur propre langue devant des foules parlant les idiomes les plus variés, et les foules entendaient leur langage, et, dans leur esprit, jusqu'ici obscur, descendait le bienfait de l'illumination divine.

» Eux aussi guérissaient les malades, redressaient les infirmes, rendaient aux lépreux repoussants une peau saine comme celle des raisins mûrs. Eux aussi ressuscitaient les morts. Mais ils ressuscitaient surtout des âmes à Dieu. Car cette mort à Dieu est la seule mort, la plus terrible de toutes.

» La mort en Dieu est un gain ; et pourquoi ramener en ce monde de larmes, celui qui a achevé sa course?

» Mais, quand marche un de ces cadavres avec les pieds de l'animal, n'est-il pas beau de lui donner des ailes ! N'est-il pas sublime de lui ouvrir ce tombeau de la chair dans lequel il est enfermé, afin qu'il secoue les bandelettes de l'illusion et naisse à la vie véritable et divine ! Voilà la véritable résurrection ! celle du corps ne peut être qu'une exception, pour donner à la parole la sanction du miracle.

» Et ne crois pas qu'avec les Apôtres du Seigneur Jésus-Christ se soit évanoui ce don du miracle !

» Nos passions de martyrs sont pleines de merveilles que Dieu seul peut accomplir par l'entremise de ses serviteurs.

» N'avons-nous pas vu des bourreaux épuiser leurs forces et le génie même des supplices sur des vierges et des enfants sans leur ôter cette vie qui est de Dieu et à Dieu, et Dieu ne montrait-il pas, en les affranchissant de la douleur, en rendant, en une nuit, la robustesse et la santé à des corps meurtris par les instruments de supplice, que l'homme ne saurait lui prendre ce qui est à lui lorsqu'il ne le veut pas?

» Partout les saints font des miracles, soit parmi les peuples dociles et pacifiques, soit devant la foule ameutée

dans les amphithéâtres, soit devant les tribunaux des proconsuls et des préteurs, en face des bourreaux tortionnaires
ou dans le silence du cachot ou face à face avec Dieu, ils
s'abîment dans un acte suprême de conformité et d'amour à
sa volonté et reçoivent, en échange, sur leur front, le souffle
éternellement réparateur de ses lèvres divines.

» De nos jours, un de nos plus illustres frères a été sur-
nommé le thaumaturge ou le faiseur de miracles, par les peuples émerveillés de la puissance que Dieu lui avait donnée.

» C'était Grégorius de Néocésarée dans le Pont.

» Né de parents riches et de famille clarissime, il se
trouvait, avec sa sœur et son beau-frère, en Palestine. Ce
dernier, jurisconsulte, était attaché au gouverneur de cette
province pour le soulager des soucis de sa charge.

» Grégorius venait de terminer brillamment l'étude du
droit romain et s'était déjà montré habile avocat devant les
tribunaux, lorsqu'il rencontra l'illustre Origène, par un effet
de la grâce de Dieu qui choisit ses serviteurs.

» Tout de suite, Grégorius fut saisi par le charme
qui s'exhalait du grand Alexandrin.

» Il goûtait d'autant mieux son genre d'éloquence d'ordre
sacré que la pureté de sa vie et de ses mœurs rendait son âme
plus apte à en comprendre les grandes et douces splendeurs.

» Grégorius était un païen qui ne s'était jamais assis
dans la fange fleurie du paganisme.

» Il n'était venu à Césarée que pour y amener sa sœur
et repartir ensuite aussitôt dans sa patrie. Mais, mystère des
providentielles et pures attractions, à peine eut-il connu
Origène, que Grégorius s'attacha invinciblement à lui
comme si leurs âmes eussent été deux sœurs ravies de se
retrouver après une séparation d'une longueur inconnue.

» — Voyez, disait-on autour d'eux, en se rappelant une
célèbre amitié biblique, ne dirait-on pas Jonathas et David?

» Grégorius oublia ses affaires, sa patrie, ses parents,

ses projets ambitieux, ses profanes études, pour s'attacher uniquement aux études divines sous un aussi grand maître qui connaissait à fond le chemin des cœurs, comme Grégorius nous le raconte en ces termes :

« Comme un habile agriculteur — dit-il — sonde en tous sens le terrain qu'il entreprend de défricher, ainsi Origène creusait et pénétrait les sentiments de ses disciples, les interrogeant et considérant leurs réponses. Quand il les avait préparés à recevoir la semence de la vérité, il leur enseignait les diverses parties de la philosophie ; la logique, pour former leur jugement en leur apprenant à discerner les raisonnements solides des sophismes spécieux de l'erreur ; la physique, pour leur faire admirer la sagesse de Dieu par la connaissance raisonnée de ses ouvrages ; la géométrie, pour habituer leur esprit à la rectitude, par la rigueur des propositions mathématiques ; l'astronomie, afin d'élever leur pensée en leur donnant l'immensité pour horizon ; enfin, la morale, non pas celle des philosophes dont les définitions et les divisions stériles n'enfantent aucune vertu, mais la pratique, en leur faisant étudier en eux-mêmes les mouvements des passions, afin que l'âme, se voyant comme dans un miroir, pût extirper jusqu'à la racine des vices.

» Il abordait ensuite la théologie ou la connaissance de Dieu.

» Il leur faisait lire sur la Providence qui a créé et gouverne le monde, tout ce qu'ont écrit les anciens philosophes ou poètes grecs et barbares, sans se préoccuper de leurs systèmes, de leurs sectes ou opinions particulières.

» Dans ce labyrinthe de la philosophie païenne, il leur servait de guide, pour démêler ce qu'il y avait de réellement vrai et utile, sans se laisser prévenir par la pompe et les ornements du langage. Il posait, en principe, qu'en ce qui regarde Dieu, il ne faut se rapporter qu'à Dieu lui-même et aux prophètes qu'il a inspirés.

» Alors, seulement, il commençait l'interprétation des

Ecritures qu'il possédait à fond et dont il avait, avec l'aide de Dieu, pénétré profondément tous les secrets.[1] »

» Après avoir, pendant cinq ans, poursuivi ces études, Grégorius fut baptisé et se disposa à faire ses adieux à l'illustre précepteur qui l'avait mis sur une voie inconnue et convié au sublime banquet d'une vie nouvelle.

» Il vint le trouver à son école où une nombreuse assemblée était réunie et, respecteusement, il lui exprima son chagrin de le quitter et sa reconnaissance de ses conseils.

» — Priez le Seigneur, lui dit-il en terminant, qu'il nous console de notre séparation ; priez-le qu'il envoie son bon ange pour nous conduire et nous garder ; mais, surtout, priez-le qu'il nous ramène près de vous. Plus que tout le reste, cela nous sera une précieuse consolation.

» Ainsi s'aimaient, ce maître et ce disciple.

» De retour à Néocésarée, après son départ d'Alexandrié où était l'école d'Origène, Grégorius étonna ses compatriotes par sa transformation. Ils attendaient un rhéteur habile, un orateur éloquent, un jurisconsulte consommé. C'était un fervent chrétien qui apparaissait à leurs yeux.

» Grégorius abandonna aussitôt tout ce qu'il possédait de biens et se retira dans une solitaire campagne afin d'être libre de toute attache et se donner entièrement à Dieu.

» Il n'y avait, alors, à Néocésarée, que dix-sept chrétiens. Tout le reste des habitants, proclama à l'envi que Gregorius était devenu fou.

» Oui, il était fou ! mais de cette folie qui est la suprême

(1) Tel est, d'après S. Grégoire le thaumaturge, la méthode dont se servait Origène pour amener peu à peu les âmes à la foi. Ce plan de l'éducation chrétienne élevée, à cette époque, son ensemble et sa vaste étendue, montrent bien la fausseté de ceux qui prétendent que la foi ne se répandait dans le monde d'alors que par le fanatisme d'esprit étroit et ignorant. Il peut, en même temps, donner une idée de l'universalité des connaissances d'Origène. (Abbé Darras. *Hist. ecclés.*)

sagesse et par laquelle, lorsqu'elle a choisi la Croix, elle a sauvé le monde !

» Bientôt, Grégorius recevait une députation. C'était des clercs qui lui étaient envoyés par Phedimus, archevêque d'Amasée, afin de le prier d'être évêque de Néocésarée.

» Grégorius, épouvanté, s'enfuit comme un voleur de désert en désert pour échapper au redoutable honneur dont on voulait charger ses épaules.

» Mais, enfin, il lui fallut se rendre.

» Ce n'était plus une prière qu'on lui adressait, c'était un ordre qu'on lui donnait et il obéit.

» Magnifique et heureuse obéissance qui lui permit de montrer à chacun de ses pas, la vérité de la promesse de Jésus-Christ qui avait donné à ses apôtres le pouvoir de faire des miracles encore plus grands que les siens !

» Partout où il posait le pied, sa présence faisait éclater les merveilles.

» Des prêtres païens vinrent le trouver et lui dirent, pensant le convaincre d'imposture :

» — Commande à ce rocher de se transporter plus loin, et nous croirons en Jésus-Christ.

» Et Grégorius, plein de cette foi qui transporte les montagnes, parla au rocher au nom de Jésus-Christ, et le rocher se déplaça à la grande stupeur des témoins de ce prodige.

» L'illustre Grégorius recevait alors l'hospitalité dans la maison d'un habitant de Néocésarée appelé Busonius.

» Et cette maison, assiégée tous les jours par les malades, ne désemplissait pas de gens sollicitant de lui la santé du corps et la guérison de leurs infirmités.

» Et Grégorius, en passant, les guérissait tous au nom de Jésus-Christ.

» Il ne possédait pas même une demeure à Néocésarée et il était l'homme le plus vénéré et le plus puissant de toute la ville.

» Ses disciples le suppliaient de s'y faire construire une demeure à lui :

» — Qu'importe, leur répondait-il, ne sommes-nous pas abrités sous l'aile de Dieu? Vous trouvez-vous à l'étroit sous la voûte constellée des cieux? Songez à construire le palais de votre âme et ne vous chagrinez pas de ce que nous ne trouvons pas de tels édifices préparés.

» Bientôt après, il songeait à construire une église et convia tous ceux qu'il voyait, à y contribuer par leur argent ou leur travail.

» Désertant les tribunaux publics, on venait lui soumettre les différends et il les réglait comme un arbitre impeccable et toujours écouté.

» Les flots de la rivière débordèrent, un jour, sous l'effort des crues; il leur commanda et ils obéirent à sa voix inspirée.

» Aussi, on lui donnait le surnom de faiseur de miracles.

» Il mourut, enfin, après un petit nombre d'années; il avait accompli une tâche merveilleuse car, en quittant pour le Ciel sa chère ville de Néocésarée où il n'avait trouvé que dix-sept chrétiens, il n'y laissait qu'un pareil nombre d'infidèles.[1] »

(1) Les prodiges de S. Grégoire le thaumaturge sont attestés par tous les écrivains contemporains. S. Grégoire de Nysse, S. Basile, Rufin, S. Jérôme, l'historien Socrate, Sozomène, Théodoret; en sorte que sur ce point la foi peut défier la critique la plus dure et la plus malveillante. (Darras. *Hist. eccl.*).

III

LES DERNIERS SERONT LES PREMIERS.

— O Gaulois, tu me demanderas sans doute, après cela,
dans quelle race choisie se recrute un sacerdoce doué d'aussi
prodigieux pouvoirs.

« Toute l'antiquité religieuse et l'histoire de tous les
peuples est là, pour attester tout d'une voix, que l'accès aux
sacerdoces des nations est généralement réservé à une caste.

» On est de la caste des prêtres, et voilà pourquoi on
est prêtre.

» Aussi, les juifs, chez qui il y avait une tribu sacerdotale en dehors de laquelle nul ne pouvait espérer accéder
aux choses saintes, furent-ils bien surpris et scandalisés
lorsque Jean-Baptiste, le Précurseur, leur disait sur les
bords du Jourdain quand il baptisait par figuration à
Béthanie et à Bethabara :

« Sachez que le temps est proche où Dieu fera des enfants
d'Abraham avec les pierres qui roulent inertes sur les routes
des nations ! »

» Tel est la magnifique richesse de notre foi qu'elle
appelle et admet jusqu'aux plus hauts degrés de sa hiérarchie
sainte le plus humble, le moins désigné en apparence, et

qui, souvent, se révèle le plus grand, le plus saint, parce que l'esprit du Seigneur a soufflé sur lui.

» Car l'Esprit souffle où il veut, disent nos saintes lettres, et sous son souffle, non capricieux mais éminemment providentiel, des fleurs de grâce s'ouvrent qui répandent sur les campagnes un arome de bénédiction et de salut.

» C'est pour exprimer cette vérité que Notre-Seigneur Jésus le Christ proposa, un jour, à ceux qui l'entouraient, la parabole du banquet auquel un invité s'empresse de prendre la première place. Aussitôt, l'intendant des apprêts somptuaires arrive et lui dit : Mon ami, mettez-vous ailleurs, car cette place est réservée. Et, l'ayant ainsi fait descendre de rang en rang jusqu'au dernier, il appelle un homme qui se tenait humblement à la dernière place et le conduit à l'une des premières en lui disant : Seigneur, montez plus haut, vous êtes digne d'être mieux placé.

» C'est ainsi, concluait notre divin Maître, qu'au banquet éternel de Dieu, les premiers seront les derniers et les derniers seront les premiers.

» Malheur donc à ces sycophantes de dignité qui, se parant de leurs insignes, se rengorgent dans un sacerdoce qu'ils ne reçurent point de l'esprit de Dieu, mais de la procession du sang et de la chair, ou de la volonté ou de l'intrigue humaines. Malheur à ces fourbes qui disent : Je suis la dignité, la primauté, la grandeur, la sainteté et qui, devant le tribunal de l'Esprit-Saint, ne sont rien, fruits secs de la grâce, sur lesquels il n'a même point daigné souffler, tant la rigidité de leur orgueil les empêchait de vibrer au vent des grâces divines ; ceux-là ne sont rien. C'est d'eux que Jésus le Christ notre Seigneur a dit qu'au lieu d'ouvrir les cieux ils en volent la clef et ferment la porte et empêchent même les autres d'y entrer.

» A ce cachet de ténèbres, est marqué le sacerdoce des nations.

» Mais, le sacerdoce chrétien, ô Gaulois, est le seul qui porte au front le sceau de la lumière et la marque indélébile et divine qu'y a imprimée le souffle de l'Esprit, en un gracieux et providentiel baiser.

» Je viens de te parler de Grégorius, le faiseur de miracles. Ecoute le récit de ce qu'il fit à Comane, ville nouvellement convertie à la foi et qui lui avait envoyé une députation pour le prier de venir constituer une église dans ses murs.

» Le jour était fixé pour l'assemblée à laquelle les magistrats avaient convié les hommes les plus nobles, les plus riches, les plus éloquents, les plus distingués par les qualités de l'esprit et la naissance, afin de les présenter à Grégorius pour qu'il fît un choix parmi eux.

» — Où sont donc les pauvres? demanda l'illustre thaumaturge, vous ne devez pas les exclure de votre choix, et les plus humbles doivent être mis sur le même rang que les plus illustres. Sachez-le-bien, l'Esprit souffle où il veut et il ne nous appartient pas de contrarier son souffle.

» — Bon! dit, en raillant, un des magistrats, nous avons votre affaire, illustre évêque, et, si vous voulez choisir parmi les artisans, prenez Alexander le charbonnier.

» — Et qui est cet Alexander? demanda Grégorius.

» — On va vous l'amener.

» Et le magistrat ordonna qu'on s'en fût quérir le charbonnier à son échoppe.

» Quelques instants après, on amenait devant Grégorius, un homme, demi nu, vêtu de quelques misérables haillons tout souillés, la figure et le corps noirs de la poussière longuement incrustée du charbon.

» Un immense éclat de rire accueillit cette entrée en scène d'un personnage qui paraissait grotesque à tout le monde en face de la dignité épiscopale.

» Mais le charbonnier ne s'émut pas de ces rires, son maintien grave et modeste montrait le recueillement de son

âme et une paix intérieure telle que la grâce seule pouvait
la donner.

» — Mon ami, lui dit Grégorius, j'ai à vous parler,
voulez-vous bien venir, quelques instants, converser avec
moi dans une salle voisine?

» — Je suis votre humble serviteur, vénérable père, dit
le charbonnier avec humilité, et prêt à obéir à vos ordres.

» L'assemblée, profondément étonnée, les vit se retirer
ensemble et attendit anxieusement le résultat de cette conférence entre le faiseur de miracles et le faiseur de sacs de
charbon.

» Elle dura quelque temps, après quoi, Grégorius rentra
seul dans l'assemblée.

» — Mes frères, dit-il à ses auditeurs attentifs, si
l'esprit du monde vous anime dans vos jugements et les
commande, je dois vous rappeler au respect de l'Esprit-Saint
et vous dire ce que c'est qu'un évêque et quels sont les
redoutables devoirs qui incombent aux pasteurs.

» Et, pendant qu'on l'écoutait attentivement, le thaumaturge développa éloquemment sa pensée, faisant ressortir
cette importante vérité que l'homme ne doit qu'accepter le
choix de Dieu et recevoir ses pasteurs de sa Providence
adorable.

» Il parlait encore lorsqu'une porte s'ouvrit et l'assemblée
regarda qui osait interrompre l'illustre orateur.

» C'était un évêque qui, conduit par deux acolytes, se
dirigeait vers la tribune des magistrats où parlait Grégorius.

» Sur un signe de bienvenue de la part de l'orateur, il en
gravit les degrés et Grégorius ayant fait asseoir, à sa place,
cet évêque au noble maintien sous les ornements pontificaux
qui le revêtaient, dit à l'assemblée :

» — Je vous présente, mes frères, votre pasteur,
Alexander le charbonnier. Ne vous étonnez pas si vous vous
étiez trompé en jugeant selon les sens, car vous étiez, sans

le savoir, les victimes du démon qui voulait rendre inutile
ce vase d'élection en le tenant caché.

» Et, séance tenante, Grégorius donna au nouvel élu, la
consécration épiscopale et l'investit des pouvoirs apostoliques.

» Quand cette cérémonie fut terminée, il l'invita à prendre la parole et à faire à ses nouvelles ouailles sa première
homélie.

» Le charbonnier prit, alors, la parole en un style simple,
peu orné, mais riche d'un fond solide et vivifiant puisé aux
meilleures sources de la foi. Son maintien était noble et
digne, son air était majestueux.

» Et c'est ainsi que l'Esprit souffle où il veut, ô Gaulois,
et c'est ainsi que notre sacerdoce est, non pas de l'homme, ni
du sang, ni de la caste, mais de Melchisédech, ce roi de la
mystique Salem, ce pontife sans père, sans mère, sans
généalogie et sans histoire, figure prophétique du pontife
éternel, Notre-Seigneur Jésus le Christ.

» Aussi, quand l'Esprit a soufflé sur l'élu, quand les
signes consécrateurs ont marqué son front pour la royauté
sacerdotale, le peuple chante avec allégresse et enthousiasme
ces paroles du Roi-Prophète :

« Le Seigneur l'a juré et il ne se repentira point de son
serment ; tu es prêtre pour l'éternité, selon l'ordre de
Melchisédech ! »

» Alexander le charbonnier, justifia par les vertus de sa
vie, le choix de l'illustre Grégorius et il subit le martyre pour
la foi et par le feu, dans la persécution de Decius. »

IV

LA PLUME CHRÉTIENNE.

Eleutherus mourut, martyr, et les fidèles le déposèrent près du tombeau de Pierre, au Vatican, le VII des calendes de juin.[1]

Victor lui succéda, élu par tout le clergé.

Le siège du vénérable prince des Apôtres, jusqu'à Eleutherus, avait compté deux pontifes juifs d'origine, sept pontifes Italiens et Romains, quatre Grecs et un Syrien. L'Europe et l'Asie étaient seules, jusqu'alors, représentées dans cette auguste dynastie. Victor fit asseoir, en sa personne, l'Afrique sur la chaire pontificale sur laquelle tout fidèle, à quelque pays qu'il appartienne, peut être intronisé.

Déjà, donc, l'Evangile avait pénétré les trois grandes parties du monde ancien. Et chacune d'elles, vivant témoignage de son évangélisation, avait donné un vicaire à Jésus-Christ et un suprême pasteur à son Eglise.

La barque insubmersible de Pierre s'avançait, malgré l'ouragan, sur ces flots sanglants, jamais désemparée et toujours conduite par un pilote qui succédait à un autre

(1) 26 mai 185.

pilote pour prendre en main son gouvernail immortel.

Au moment où un Africain était élu par le clergé de Rome, l'Eglise voyait fleurir les plus belles illustrations, dans la personne des plus savants docteurs.

Meliton de Sardes, écrivait sa mémorable *Clavis*[1] en treize chapitres, dont chacun a intéressé au plus haut point chacune des branches de la science sacrée.

Les trois premiers traitent de *Dieu*, du *Fils de Dieu*, des *Créatures surnaturelles*, toute la théologie y trouve ses bases. Sept autres chapitres traitent du *Monde*, de l'*Homme en général*, des *Métaux*, des *Arbres et des fleurs*, des *Oiseaux*, des *Animaux*, de l'*Homme en particulier* et ils renferment tous les essors de la science chrétienne vers l'histoire naturelle et civile, la géographie, l'astronomie, etc.; ils commencent la grande révision du monde créé qu'Adam, notre père, fit une première fois et que nous ne terminerons jamais. Le onzième chapitre, la *Cité*, représente l'Eglise dans sa constitution magistrale et pose les bases de son droit. Le douzième chapitre, les *Nombres*, donne la clef de l'importance attachée aux mystères de grâce cachés dans l'Ecriture sainte sous des expressions numériques, par tous les Pères de la foi. Enfin, le treizième chapitre traitant des *Noms hébreux* est une sorte de dictionnaire hébraïque qui servira de base aux plus grands travaux à travers les âges.

Déjà, Tatien a fait une *Concordance des quatre Evangiles*, Théodotien de Sinope, un de ses disciples, a entrepris une traduction grecque des livres de l'Ancien Testament.[2]

Mais la gloire de Meliton est plus grande.

« Le Père, dit-il, a envoyé du Ciel son Verbe spirituel,

(1) La *Clavis Melitonia* que le cardinal Pitra remit, de nos jours, en lumière.

(2) Théodotien de Sinope apostasia la foi pour embrasser le judaïsme et ses travaux portent l'empreinte de son apostasie car il les avait faits pour affaiblir, dans les Prophètes, les passages relatifs à la divinité du Messie futur. Cependant, ils devinrent quand même une arme en faveur de la vérité. (Darras. *Hist. ecclés.*)

qui a pris un corps dans le sein de la Vierge, et s'est fait homme, dans le but de vivifier l'humanité et d'en réunir les membres épars et frappés de mort....

» Au dernier instant de sa Passion, la terre trembla jusqu'en ses fondements ; le soleil s'obscurcit ; les éléments furent bouleversés ; la clarté du jour se changea en ténèbres, parce que la nature ne pouvait voir Dieu, son auteur, mourir sur un bois infâme.

» C'était la protestation de toute créature disant à sa manière : Quel est ce spectacle inouï ? Le juge est jugé, et il se tait ! L'invisible est devenu la dérision des regards sacrilèges, et il le souffre ! On a pris l'incompréhensible, il le permet ! L'impassible souffre et il ne se venge pas ! On ensevelit le Dieu du Ciel, et il se laisse mettre au tombeau !

» Tels étaient l'étonnement et la stupéfaction de la nature.

» Mais, quand Notre-Seigneur ressuscita du fond du tombeau, quand, d'un pied vainqueur, il foula la mort ; quand il eut enchaîné le puissant et accompli la délivrance de l'homme, alors, toute la création comprit que c'était par amour pour l'humanité que notre Dieu s'est fait homme et s'est laissé condamner pour nous faire miséricorde ; a porté des chaînes pour nous délivrer ; a été pris pour nous libérer ; a souffert pour nous guérir ; est mort pour nous vivifier et nous appeler à la résurrection.

» Voilà pourquoi il est descendu à nous ! Voilà pourquoi, lui, l'incorporel, s'est formé un corps pris de notre chair !

» Il est apparu comme un agneau, mais il est resté le divin Pasteur ; on l'a mis au nombre des esclaves, mais il n'a pas abdiqué sa dignité de Fils. Dans le sein de Marie, il était revêtu des splendeurs du Père ; ses premiers pas chancelaient sur la terre et son immensité remplissait les cieux ; il apparaissait un enfant et il gardait le privilège de son immortalité ; il était revêtu d'une chair infirme, sans avoir rien perdu de son éternité ; pauvre, il gardait sa richesse infinie; sans avoir le pain de chaque jour, il ne cessait de nourrir le monde; esclave, il était Dieu; debout au tribunal de Pilate, il était assis à la droite du Père; attaché à la croix, il tenait dans sa main l'univers.[1] »

Mais Meliton ne se contente pas d'affirmer la foi du chrétien à la divinité de Jésus-Christ, il montre encore que cette divinité remplit le Testament ancien.

« Frères bien-aimés, dit-il, c'est de la Loi et des Prophètes que nous avons tiré toutes les preuves pour vous démontrer que Notre-Seigneur Jésus-Christ est, dans sa plénitude, l'Intellect parfait, le Verbe de Dieu.

» C'est lui qui fut engendré avant l'aurore; il est le créateur avec le Père; c'est lui qui a formé l'homme; il est tout en tous; patriarche avec les patriarches; la loi sous le règne de la loi; parmi les prêtres, prince des prêtres; parmi les rois, chef souverain; avec les prophètes, la prophétie; chez les anges, roi des anges; dans la Voix, le Verbe; parmi les esprits, l'Esprit; dans le Père, le Fils; en Dieu, Dieu; Roi dans les siècles des siècles.

» Au temps de Noé, il fut le pilote; il dirigea Abraham; il fut lié avec Isaac sur le bûcher; avec Jacob, il fut voyageur; vendu en la personne de Joseph; guide du peuple hébreu avec Moïse; avec Josué il distribua l'héritage de la terre promise; par la bouche de David et des prophètes, il prédit ses souffrances futures; c'est lui qui naquit à Bethléem, fut enveloppé de langes dans la crèche, visité par les pasteurs, célébré par les anges, adoré par les mages, annoncé par Jean-Baptiste: c'est lui qui réunit le collège apostolique; prêcha aux peuples le Royaume céleste; guérit les boîteux; rendit la vue aux aveugles; ressuscita les morts.

(1) Ainsi il est prouvé qu'au IIe siècle toute l'Eglise croyait fermement à la divinité de Jésus-Christ, contrairement à ce qu'ont essayé de dire les rationalistes modernes. S. Meliton (*Excerpta de Cruce*).

» C'est lui qui se fit voir dans le temple; fut renié par son peuple; trahi par Judas; arrêté par les prêtres; jugé par Pilate; il eut les mains percées de clous; il fut suspendu au bois infâme et enseveli dans un tombeau souterrain.

» Mais, c'est lui qui se leva des morts; apparut aux apôtres; monta aux cieux où il est assis à la droite du Père.

» C'est lui qui est le repos des trépassés; le récupérateur des âmes perdues; la lumière de ceux qui vivent dans les ténèbres; le Rédempteur des captifs; le redresseur des errants; le refuge des affligés; l'époux de l'Eglise; le roi des chérubins; le prince de l'armée des anges; Dieu de Dieu; Fils du Père; Jésus-Christ roi dans les siècles. *Amen.*[1] »

Après les grands apologistes de la foi comme Justin et Athénagore,[2] un grand génie s'est levé, apologiste et docteur pour reprendre tous leurs arguments, discuter à fond le caractère juridique des persécutions et en démontrer victorieusement l'injustice. C'est l'africain Tertullien.

« Le crime, dit-il, a un tel caractère que les criminels n'ont jamais l'audace de justifier leurs forfaits en les présentant comme des actes de vertu. L'infamie, en effet, engendre la honte. L'impiété rougit d'elle-même; les coupables se cachent; ils craignent la lumière; ils redoutent un regard. Surpris, ils tremblent; accusés, ils nient. La torture ne réussit pas toujours à leur arracher un aveu; en tout cas, une condamnation les accable; ils se reprochent à eux-mêmes ce qu'ils étaient; ils attribuent leur crime à un égarement d'esprit, à la fatalité; tant il est vrai que la notion du mal domine la conscience des scélérats eux-mêmes!

» Or, avez-vous jamais trouvé rien de semblable chez les chrétiens que l'on juge et condamne tous les jours?

» A tout instant, on entend gémir sur la multiplication

---

(1) S. Meliton, fragment. *(De Fide.)*
(2) Voir le neuvième volume : *Les Défenseurs du Christ.*

inouïe des chrétiens. La ville, dit-on, les campagnes, les *castella*, les îles en sont pleins et il est aisé de constater, comme vous le faites avec douleur, que tout vous abandonne, sexe, âge, condition, dignité, pour passer au christianisme.

» Un chrétien ne se reproche qu'une seule chose, c'est de ne l'avoir pas toujours été. On le dénonce comme tel, il s'en fait gloire; on l'arrête, il n'oppose aucune résistance; on l'accuse, il ne se défend pas; on l'interroge, il proclame sa foi; on le condamne, il triomphe! Que serait-ce donc que ce crime nouveau qui n'a aucun des caractères du crime?

» Les crimes ont des noms définis. Qu'on les punisse de la peine capitale, rien de plus juste.

» Mais, de quel droit condamnez-vous à mort celui qui avoue son titre de chrétien? Faites-vous donc un procès à un nom? La criminalité d'un mot ne dépasse pas la hauteur d'un barbarisme ou d'un solécisme.

» Eh bien! le nom *christianus* d'après son étymologie, rappelle l'idée d'onction. Si vous le prononcez mal et dites *chrestianus,* vous exprimez l'idée de bonté.

» De quelque façon que vous le prononciez (car vous n'en avez même pas la notion précise) vous exprimez une bonne action ou une suave odeur. C'est donc un nom innocent que vous persécutez dans des hommes inoffensifs.

» Ce nom n'embarrasse pas la langue; il n'est pas dur à l'oreille; il ne renferme ni injure contre l'individu, ni mauvais présage contre la patrie : c'est un mot dérivé du grec, sonore dans ses éléments, gracieux dans son étymologie.

» A-t-on jamais vu un nom, quel qu'il soit, entraîner la décapitation, le crucifiement, l'exposition aux bêtes?

» Notre nom date du règne d'Auguste. Il a eu son premier rayonnement sous Tibère et sa première condamnation sous Néron. Songez à la moralité d'un tel persécuteur.

» Mille fois, les soldats ont envahi nos réunions saintes; qui donc y a jamais trouvé des traces de crimes?

» Si le Tibre déborde, si le Nil ne déborde pas, si le ciel s'arrête, si la terre tremble, si la guerre dévaste les champs, si la famine dépeuple les cités, un cri se fait entendre :

» — Les chrétiens aux lions !

» Comme si ce n'était pas assez pour nous d'avoir à redouter autre chose que les fléaux publics dont nous portons comme vous la charge. Est-ce qu'avant notre existence il ne se déchaînait jamais de fléaux sur la terre?

» Où étaient les chrétiens, alors que les Romains ont fourni à l'histoire tant de malheurs à raconter?

» Où étaient les chrétiens quand les îles d'Hierennape, de Délos, de Rhodes et de Crète s'abaissèrent dans les flots, engloutissant des millions d'hommes? Quand l'Atlantide, plus vaste que l'Afrique ou l'Asie, dit Platon, disparut au milieu des mers? Quand la foudre dévora les Volsinies, quand des flammes jaillies du sol détruisirent les Tarpeiens; quand la mer de Corinthe fut séchée par un tremblement de terre; quand le déluge engloutit l'univers?

» Où étaient alors, je ne dirai pas les chrétiens contempteurs de vos dieux, mais vos dieux eux-mêmes moins anciens que ce cataclysme universel, comme le prouvent les villes qui les virent naître et vivre, où ils furent ensevelis et même celles qu'ils bâtirent de leurs mains?[1] »

C'est ainsi qu'alliant la logique, la force et l'ironie, Tertullien, esprit fougueux, absolu, cœur sincère, passionné, met la splendeur de la vérité sur le chandelier et

---

(1) Cette citation tirée des œuvres de Tertullien (*ad Nationes, passim*) fait entrevoir la vivacité du génie qu'il mit au service de l'Eglise. Né en 160 à Carthage et fils d'un centurion du proconsul de cette ville, il voulut être avocat. Sa jeunesse fut très dissipée. La crise morale qui lui donna un grand amour pour la plus grande des causes le transforma complètement. Ses ouvrages sont très nombreux et pas tous orthodoxes car Tertullien erra malheureusement en embrassant le montanisme. Toutefois il est resté l'un des plus beaux génies ecclésiastiques de son temps.

convie quiconque sait juger à se rendre à l'évidence.

Aucune des accusations absurdes dont on charge les chrétiens ne trouve grâce à ses yeux.

« Vous nous accusez, dit-il, d'adorer une tête d'âne. En admettant que cette accusation soit fondée, êtes-vous autorisés à l'émettre? Vous qui adorez toutes sortes d'animaux, n'adorez-vous pas vous-mêmes toute la race des ânes? N'avez-vous pas des dieux à tête de chien, de lion, de bœuf, de bélier, de bouc; des dieux cornus, à jambes de chèvres, à queue de poisson et de serpent? Que sais-je encore?

» Vous nous appelez les dévots de la Croix. Qu'est-ce, en réalité que notre Croix? un symbole de bois ou de pierre. Mais vous, c'est la pierre et le bois même que vous adorez.

» Il en est, parmi vous, qui s'imaginent que les chrétiens reconnaissent pour Dieu le soleil, parce que nous nous tournons vers l'orient pour prier et que le jour que vous avez consacré au soleil est notre jour de fête.[1] Est-ce nous qui avons donné le nom du soleil à ce jour? N'est-ce pas vous?

» Si nous méprisons la mort devant les tourments, vos ancêtres n'ont-ils pas montré jadis le même courage devant la mort? pourquoi appelez-vous entêtement chez nous ce que vous nommez héroïsme chez eux?

» Vous vous moquez de notre foi à la résurrection des morts. Notre croyance n'est-elle pas plus raisonnable que la vôtre qui fait passer l'âme d'un homme dans un animal?

» Reconnaissez que nous vous valons et qu'en tout cas nos croyances sont moins exagérées que les vôtres. »

Ainsi parle Tertullien dans ses *Livres aux nations* qu'il

---

(1) Le dimanche *dominica dies*, jour du Seigneur, s'appelait *solis dies* jour du soleil, dans l'antiquité païenne. Il est remarquable que ce soit le seul jour qui ait subi la transformation chrétienne. Les autres vocables hebdomadaires sont restés païens : *Lunæ dies* lundi, *martis dies* mardi, *mercurii dies* mercredi, *jovis dies* jeudi, *veneris dies* vendredi, *saturni dies* samedi. Les noms des mois sont restés aussi ceux du calendrier de la Rome impériale. (Abbé Darras. *Hist. Eccl.*).

fit bientôt suivre de son *Apologétique* dans laquelle il défend, au nom de la vérité pure, la liberté de la conscience.

Pendant qu'Irénée illustrait les Gaules, que Tertullien entrait dans la lutte avec sa logique implacable, Origène, encore jeune, se révèle par une intelligence au-dessus de celle des enfants de son âge. Il commence à enseigner la grammaire. Bientôt il entre dans la célèbre école d'Alexandrie dont Clément venait de s'éloigner et y fait ses *catéchèses*. Sa science éminente et l'austérité de sa vie le désignent au respect de tous, et autour de sa chaire se pressent des disciples qui seront d'illustres évêques et d'éminents martyrs.[1]

D'autres aussi, moins illustres, surgissent de toutes parts comme pour prendre part à cet immense concert de génie.

Le philosophe Maxime traite de *l'origine du mal et de l'existence de la matière*. Candide et Appion, écrivent des *Commentaires sur l'œuvre des six jours*. Sextus écrit un livre sur *La Résurrection*. Héraclite explique et commente les épîtres de Paul.

Mais rien n'égale la gloire de l'école chrétienne d'Alexandrie. C'est que, depuis que les premiers apôtres ont commencé à évangéliser, ils se sont efforcés de préparer des hommes capables de prêcher la vérité et de gouverner les églises.

Paul forme lui-même son illustre disciple Timothée, par ses instructions et ses exemples et lui recommande de choisir, à son tour, des hommes capables, afin de les exercer au ministère évangélique de la parole. Jean à Ephèse, Policarpe à Smyrne avaient formé également de nombreux disciples, et c'était Marc lui-même qui avait jeté les bases de cette école Alexandrine, dans une cité peuplée de philosophes,

(1) Origène mourut en 253 à Tyr, âgé de soixante-neuf ans. Ses ouvrages sont très nombreux. S'il pécha en quelques-uns contre l'orthodoxie, la faute doit en être surtout imputée à des disciples qui ont exagéré la portée de ses idées. Quant à lui il ne fut pas hérétique de cœur et d'intention, et le martyre qu'il souffrit en témoignage de Jésus-Christ le prouve.

centre de toutes les idées, foyer rayonnant de toutes les sciences, le plus nécessairement désigné à sa sollicitude et aux efforts futurs de l'enseignement chrétien qui devait montrer dans tout son éclat, la doctrine catholique en opposition avec la philosophie humaine et ses vains systèmes pour en dégager la supériorité, en exposer l'ensemble et les preuves, y faire voir la source du bonheur futur de l'humanité.

C'était bien là que devait s'élever une chaire de vérité pour répandre la lumière sur l'auditoire le plus instruit de l'univers et former des apôtres éloquents et saints.

Ce Clément, auquel avait succédé Origène, se nommait Titus Flavius Clémens; glorieux disciple de Pantène, il attirait au *didascalée* d'Alexandrie des auditeurs accourus de tous les points du monde.

Alexandrin ou Athénien, peut-être romain et enfant de la *gens* Clementia, famille impériale et consulaire, il avait été élevé dans le paganisme et, dès sa jeunesse, ardent à la science, il avait épuisé toutes les philosophies sans y trouver la certitude et la lumière qu'il cherchait avec ardeur, jusqu'à la source des cultes de Rome, de la Grèce et de l'Orient.

Partout, dans ses pérégrinations, à côté des philosophes qu'il interrogeait ou dont il suivait les leçons, il rencontrait avec surprise d'autres hommes dont les paroles lui semblaient empreintes d'une mystérieuse et pure lumière.

« Je notais soigneusement, dit-il, les discours des saints personnages que j'eus le bonheur d'entendre. L'un, Jonien, florissait dans la Grèce, l'autre dans la grande Grèce;[1] le premier originaire de la Cœlésyrie, le second de l'Egypte. Deux autres vécurent en Orient; celui-ci était Assyrien, celui-là Hébreu de naissance et fils d'une ancienne famille de Palestine. Enfin, je tombai sur un dernier, en réalité le premier par la science et la sagesse, c'était Pantène.

(1) Sicile et Italie méridionale. (Darras.)

On l'attacha à un arbre et les archers le laissèrent pour mort sur la place, le corps percé de dards nombreux. (P. 143).

» Je vins, alors, me reposer près de lui, en Egypte, mettant fin à mes courses vagabondes.

» Je ressemblais, en effet, à l'heureux chasseur qui a la joie d'atteindre et de posséder l'objet de sa poursuite.

» Véritable abeille de Sicile, Pantène recueillait le suc des fleurs qui émaillent le champ des prophètes et des apôtres et il répandait dans le cœur de ses auditeurs le trésor d'une science pure de tout alliage.

» Toutefois, chacun d'eux s'appliquait à conserver la vraie tradition de l'enseignement sacré tel qu'il l'avait reçue directement de la bouche des saints Apôtres Pierre et Paul, comme des fils qui recueillent l'héritage paternel.

» Quoique les fils aient souvent grand peine à égaler leurs pères, néanmoins, ils nous ont transmis intact, avec la grâce de Dieu, ce religieux patrimoine des Apôtres avec lesquels ils avaient vécu et conversé, et ils ont déposé entre nos mains ce trésor sacré.[1] »

(1) Clément d'Alexandrie. *Stromates*, l. i, chap. i. L'érudition de Clément d'Alexandrie étonnait S. Jérôme.

V

LES SOLDATS CHRÉTIENS.

— Ainsi la foi du Christ s'est étendue partout et l'on trouve des chrétiens dans tous les rangs de la société.

« Du temps de Néron déjà, l'échanson de César était chrétien, aujourd'hui, César encore est entouré de chrétiens souvent à son plus complet insu.

» La femme de César, sa fille, sont chrétiennes, César l'ignore. L'officier qui veille la nuit sur César est chrétien, César ne le sait pas; il hait les chrétiens et en récompensant ses plus vaillants héros, il ne se doute souvent pas qu'il couronne des chrétiens.

» Je t'ai parlé de la légion fulminante et du prodige accompli à sa prière. Te parlerais-je d'une autre légion, la légion thébaine?

» Le fait est récent.

» Malgré que les empereurs attachâssent la plus haute importance à écarter des rangs de l'armée toute propagande chrétienne, des légions entières se trouvaient uniquement composées de chrétiens.

» C'était le temps où les Bagaudes fomentaient cette

insurrection gigantesque à peine domptée et que Maximianus Hercules marchait contre eux.

» Il avait traversé les Alpes et prenait ses quartiers dans un village nommé Octodurum,[1] afin de faire reposer ses troupes.

» Dioclétianus, pour le seconder, avait fait venir d'Orient la légion thébaine qui rejoignit Maximianus Hercules en cet endroit.

» Cette légion entièrement formée de fervents disciples de Jésus-Christ, avait pris ses quartiers à Agaune[2] et Maximianus lui donna l'ordre, comme aux autres, de rechercher les chrétiens du pays pour les supplicier.

» Mais la légion tout entière s'y refusa.

» Devant cette désobéissance, Maximianus Hercules fit décimer la légion.

» On rangea tous les soldats qui la composaient sur plusieurs lignes ; au hasard, les exécuteurs passaient et chaque dixième soldat sortait des rangs pour avoir la tête tranchée.

» — Et maintenant, s'écria Maximianus Hercules, obéirez-vous à mes ordres ?

» Mais la légion tout entière refusa encore catégoriquement l'obéissance sur ce point.

» Une seconde décimation fut ordonnée par le César irrité qui préféra se priver de soldats que de paraître vaincu par l'obstination d'une légion chrétienne qu'il appelait une soldatesque mutinée.

» Alors, on vint l'avertir que la légion lui députait un de ses membres pour lui remettre une lettre.

» Mauricius, le primicerius de la légion, était l'auteur de la lettre et l'avait rédigée au nom de tous ses frères d'armes assemblés.

(1) Martigny en Valais.
(2) Au pied du mont S.-Bernard.

» Maximianus l'ouvrit et y lut ces lignes avec colère :

« Nous sommes vos soldats, César, mais nous sommes en même temps les soldats de Dieu.

» De vous, nous tenons les honneurs légionnaires; de Dieu nous tenons l'innocence de notre âme.

» Vous nous soldez nos travaux militaires; Dieu nous fait don de la vie en ce monde et en l'autre.

» Quand Dieu nous défend une chose, si vous nous la commandez, nous ne pouvons vous obéir, César.

» Pour tout le reste, nous sommes à vos ordres.

» Montrez-nous l'ennemi, vous nous verrez à l'œuvre!

» Mais nous ne sommes ni des bourreaux ni des tortionnaires. Nous savons manier la lance et l'épée dans les batailles, jamais nous ne nous abaisserons à nous servir des crochets de fer et des torches ardentes contre des victimes innocentes.

» Qui nous retient sous vos drapeaux?

» C'est la foi que nous vous avons jurée.

» Mais, dites-nous, quel cas pourriez-vous faire de notre serment si nous violions celui que nous avons fait à Dieu?

» Le Christ a reçu le premier de nos serments; nous étions ses soldats avant de devenir les vôtres.

» Pouvez-vous donc croire que, capables d'une trahison envers Dieu nous le serions de fidélité envers vous?

» Il vous plait de faire égorger les chrétiens?

» Nous le sommes; commencez par nous.

» Tout à l'heure, nous avons vu nos compagnons de tente, nos frères d'armes tomber comme une hécatombe autour de nous. Nous sommes encore couverts de leur sang et pourtant nous ne les pleurons pas.

» Ce n'est ni le deuil ni la tristesse qu'on peut lire sur nos visages à l'occasion de ces funérailles fraternelles.

» Non. Nous envions, au contraire, le sort de ces martyrs. Nous remercions Dieu qui les a trouvés dignes de souffrir et de mourir pour lui!

» Traitez-nous de même, César; ne craignez pas de nous un acte de désespoir.

» Nous avons des armes, mais nous ne les emploierons pas pour notre défense. Nos glaives resteront au fourreau, ils ne pareront pas les coups de vos licteurs.

» Prenez donc tel parti qui vous conviendra; faites-nous brûler vifs sous nos tentes; envoyez contre nous une armée de bourreaux; mettez tout ce qui reste de la légion à la torture; qu'on nous passe au fil de l'épée, nous sommes prêts; nous ne nous défendrons pas!

» Nous sommes chrétiens!

» Mais, jamais nous ne verserons le sang des chrétiens qui sont nos frères! »

» César jeta la lettre avec colère et ordonna le massacre de toute la légion. Ce fut une horrible et sauvage boucherie.

» Par ses ordres, la légion fut réunie dans une vallée que ses autres soldats cernèrent.

» Et les soldats du Christ furent égorgés par les mercenaires de l'empire.

» Des traitements plus honteux en attendaient d'autres.

» A Massilia où passait Maximianus Hercules, l'officier Victor sommé par le César en personne de sacrifier aux dieux et s'y étant refusé, fut traîné dans les rues de la ville, pieds et mains liés, au milieu des haineuses insultes d'une vile populace ameutée. On le tortura ensuite sur le chevalet, puis on le jeta dans un sombre cachot. Victor y convertit ses gardiens qu'il baptisa pendant la nuit de sa détention.

» Le lendemain, le César ayant appris leur conversion, fit trancher la tête à ces néophytes devant Victor qui fut frappé à coups de nerfs de bœuf, jusqu'à ce que les bourreaux fatigués, demandant grâce eux-mêmes, le rejetâssent mourant dans son cachot.

» Maximianus Hercules s'était juré de vaincre la patience du soldat chrétien.

» Trois jours s'écoulèrent. Il le fit amener devant lui, et, lui montrant un trépied sur un autel portatif, il lui ordonna d'y brûler de l'encens à la gloire de Jupiter.

» Victor feignant d'obéir s'approcha du trépied et, d'un coup de pied, il renversa l'autel.

» Aussitôt, l'empereur furieux ordonna qu'on lui coupât la jambe. Puis, on le mit sous la meule de granit d'un moulin et les bourreaux la firent lentement tourner afin de lui briser les os petit à petit. Mais la meule se rompit pendant le supplice et, sur l'ordre du César, on trancha la tête du martyr dont on jeta à la mer les restes sanglants et méconnaissables.

» Les flots ramenèrent son corps sur le rivage. Les fidèles le recueillirent et l'ensevelirent dans un tombeau creusé dans un rocher.

» Ainsi, chaque pas du César était marqué par des traces sanglantes.

» La Gallia-Belgica surtout, fut le théâtre de ces cruautés atroces auxquelles se prêta volontiers le sanguinaire gouverneur Riccius Varrus.

» Par ces atrocités, le César croyait se venger de la révolte des Bagaudes qu'il attribuait, peut-être de bonne foi, à des menées chrétiennes.

» Rentré à Rome, il poursuivit sa vengeance contre les soldats chrétiens.

» C'est ainsi que périt le gallo-romain Sébastianus.

» Il visitait les prisonniers chrétiens qui étaient enchaînés pour le nom de Jésus-Christ et, comme il était noble et approchait l'empereur, il les servait de son crédit et de l'influence que son grade lui donnait au palais et dans la haute société romaine.

» Il encourageait les faibles à la fermeté et convertissait beaucoup de païens à Jésus-Christ par sa parole et par ses exemples.

» Par ses soins, on vit un ancien préfet de Rome, Chromatius, converti, recevoir le baptême avec quatorze cents personnes de sa maison, parents, amis, serviteurs et clients. Sa maison elle-même était devenue une église où l'on célébrait les augustes mystères de notre foi. L'évêque de Rome, Caïus, y pontifiait et y distribuait la parole et le pain de vie.

» Maximianus Hercules avait appris ces choses et elles lui portaient ombrage.

» Chromatius prévoyant un éclat, voulut le prévenir et, comme sa charge de sénateur le retenait à Rome, il demanda à l'empereur et obtint la permission de se retirer dans sa villa de la Campanie, sous le prétexte de rétablir sa santé mauvaise.

» Le jour de son départ arriva et l'évêque Caïus, avant que la maison fut fermée, vint encore une fois célébrer l'auguste sacrifice dans ce lieu hospitalier.

» Avant que l'on se séparât, il prit la parole en ces termes devant les fidèles réunis autour de sa chaire :

» — Notre-Seigneur Jésus-Christ, connaissant la fragilité humaine, a établi deux degrés parmi ceux qui ont foi en lui ; les confesseurs et les martyrs.

» Ceux qui ne se sentiraient pas assez de force pour supporter la persécution sont libres de se retirer ; tout en laissant la principale gloire aux militants de Jésus-Christ, ils pourront, du moins, les assister dans leurs combats.

» Que ceux donc qui le désirent, suivent dans leur retraite Chromatius et son fils Tiburcius ; que ceux, au contraire, qui ont le courage, restent avec moi dans cette ville.

» La distance ne saurait séparer des cœurs unis par la grâce et la charité de Jésus-Christ. Si nos yeux ne peuvent plus vous voir, vous serez présents au regard de notre âme.

» En entendant ces paroles, Tiburcius s'écria :

» — O Père et Evêque des évêques, ne m'ordonnez pas de fuir la persécution. Tout mon désir, au contraire, est de donner ma vie pour Jésus-Christ. Je ne regrette qu'une chose, c'est de ne pas avoir mille vies à lui donner!

» Caïus, ému, versait des larmes.

» — Soit, dit-il au vaillant jeune homme, reste avec nous.

» Et l'assemblée se sépara.

» Les uns prirent la route de la Campanie avec Chromatius, les autres restèrent à Rome avec l'évêque Caïus.

» L'officier Sébastianus fut de ceux qui ne voulurent point s'éloigner. En compagnie de Caïus, il chercha un refuge.

» L'évêque et le soldat en trouvèrent un dans le propre palais de l'empereur, grâce à un officier de la cour nommé Castulus qui était intendant des bains du palais.

» Déjà, la persécution, en effet, faisait des victimes. La pieuse matrone Zoé, surprise au cimetière du Vatican en train de prier sur le tombeau des apôtres Pierre et Paul, fut déférée au préteur, pendue à un arbre par les cheveux et étouffée par un feu de fumier allumé au-dessous, puis jetée dans le Tibre avec une pierre au cou, dans la crainte, disaient ses bourreaux, que les chrétiens n'en fissent une « déesse. »

» Ainsi périrent, précipités dans le fleuve par le préfet de Rome, le premier secrétaire de ce dernier, Nicostrate, époux de Zoé; Tranquillinus, Claudius, Castor, Victorinus et Symphorianus.

» Un traitre, espion de la police impériale, dénonça Tiburcius qui eut la tête tranchée.

» Castulus, intendant des bains du palais impérial subit un supplice différent.

» Après qu'on lui eut appliqué la torture, il fut enterré vif dans une fosse qu'on remplit de sable.

» Cependant, l'officier Sébastianus, n'avait pas cessé de se prodiguer pour consoler ses frères et de les visiter sans même se dépouiller de l'uniforme militaire qu'il portait. Il les encourageait dans leurs tourments et recueillait leurs restes.

» Maximianus était retourné en Gaule et ce fût à Dioclétianus que l'officier Sébastianus fut dénoncé.

» Le César fit comparaître devant lui le capitaine des gardes et lui reprocha son ingratitude pour ses bienfaits.

« — Je n'ai pas cessé, César, répondit Sébastianus, d'être fidèle à mes devoirs et de faire des vœux pour votre salut et celui de l'empire. Mais, depuis longtemps, j'ai reconnu quelle folie c'était d'adorer des pierres, du bois, de l'argent ou de l'or façonnés en forme de divinités. Maintenant, j'adresse mes hommages et mes prières au vrai Dieu du ciel et à son Fils Jésus-Christ.

» Dioclétianus, en entendant ce langage, entra en fureur.

» Il ordonna de faire venir une compagnie de soldats, archers de Mauritanie, qui servaient parmi ses gardes et condamna Sébastianus à être transpercé par leurs flèches.

» On le dépouilla de ses vêtements, on l'attacha à un arbre et les archers le laissèrent pour mort sur la place, le corps percé de dards nombreux.

» La veuve de Castulus, Irène, vint, la nuit, enlever le cadavre de l'officier pour lui donner une pieuse sépulture parmi les martyrs. Elle s'aperçut qu'il respirait encore.

» Alors, elle le fit porter chez elle, au palais même de César et, quelques jours après, Dioclétianus effrayé voyait la face pâle de Sébastianus parmi les courtisans, dans la salle des audiences impériales. Il était revenu à son poste, chrétien, martyr et soldat jusqu'au bout.

Dioclétianus irrité, le fit périr sous le bâton. Les chrétiens retirèrent, pour l'ensevelir, son corps, de l'égoût où on l'avait jeté, car les restes des martyrs sont précieux à leurs yeux.

⸺◦◦◦❈◦◦◦⸺

$$VI$$

— Depuis Néron jusqu'à ce jour, un fait immense domine notre histoire, fait sans précédent et sans égal qui aura un retentissement énorme dans tous les siècles futurs.

C'est la persécution, toute la vie de l'Eglise opprimée. Les chrétiens du premier au dernier, du pasteur suprême à la plus humble des brebis ne pensent qu'à une chose : le sacrifice, et se préparent tous les jours au martyre.

Pas d'autre pompe religieuse que celle des souterrains funèbres, pas d'autre champ d'action que l'arène des amphithéâtres et le pavé des prétoires.

Tacite rend témoignage de la fureur de Néron et constate que la multitude des chrétiens est déjà immense.

Loin de conspirer, ce sont les plus fidèles sujets de l'Empire. Ils ne sont coupables d'autre crime que d'être haïs comme la lumière est haïe par les ténèbres. La pureté de leur vie offusque cette société saturée de vices et de corruption.

Néron incendie Rome[1] et il en accuse les chrétiens;

(1) Tacite, annales xv, 44.

poursuivis, recherchés, trahis, dénoncés, ils remplissent les prisons et ensanglantent les amphithéâtres.

L'historien romain raconte ces horreurs,[1] les apologistes de la foi les consignent dans leurs écrits,[2] et le paganisme tout entier en reste profondément saisi.[3]

Le sang germe comme une féconde semence. Les chrétiens ne sont plus? Ils étaient nombreux, ils sont devenus légion. On ne les compte plus !

Outre Tacite et Sénèque chez les profanes, chez nous, Clément, Meliton, Tertullien, attestent ces horreurs.

Le Ciel châtie Néron, Domitianus lui succède. Nos frères avaient respiré sous Vespasianus et Titus.

Empereur en 81, Domitianus vite fatigué de ses débuts modérés et sages, devient rapidement, selon le mot de Tacite, « une portion de monstre. »

Il se fait saluer dieu par les Romains avilis. En 89, à l'époque de la disgrâce d'Agricola et sous le consulat d'Aurélius Fulvus, malgré le consulat de l'illustre chrétien Asélius Glabrio, une nouvelle ère de sang se lève sur l'Eglise.

En 94, la persécution éclate dans toute sa fureur. Néron s'était attaqué au nombre, Domitianus s'attaque à l'illustration, il n'épargne ni sa famille, ni son palais et frappe les chrétiens jusqu'autour de sa personne. Flavius Clemens, Flavia Domitilla, Asélius Glabrio, virent tomber leur tête sous la hache du licteur. L'Eglise subissait la plus affreuse tourmente. Elle dura jusqu'à ce que Domitianus eut comblé la mesure de ses forfaits. Alors, le châtiment arriva et le poignard de Stéphanus abattit le monstre en l'an 96,[4] cédant la place à Trajanus, après Nerva, qui avait donné deux années de paix à l'Eglise.

---

(1) Annales xv, 44.

(2) S. Clément pape. Ep. aux Corinthiens, 6.   (3) Sénèque, ép. 78.

(4) Suétone. Dion Cassius. Aurélius Victor.

Avec Trajanus arrivaient au pouvoir les Antonins. Cet empereur donne à Plinius, le proconsul de Bythinie, l'ordre étrange de ne pas rechercher les chrétiens mais de les punir s'ils sont dénoncés et convaincus. Les plus illustres de nos martyrs lui durent leur couronne.

La justice divine l'attendait à Sélinonte et Hadrianus lui succéda à l'empire. Il persécuta, non par de nouveaux édits, mais en se servant des prétextes anciens et surtout de celui d'hétaïrie ou société secrète.

Sous son règne, toutes les émeutes populaires contre les chrétiens furent tolérées et encouragées. Il frappa jusqu'à ses plus illustres officiers.

Sous son règne commencèrent à paraître les apologies du christianisme et Hadrianus eut presque honte de sa férocité.

Hadrianus mourut à Baia et le successeur, qu'il s'était choisi lui-même, Marcus-Aurélius-Antoninus ceignit son front de la couronne laurée des Césars. Celui-là devait s'appeler Antoninus Pius et se faire une réputation de philosophe.

Malgré ses vertus, il fit couler le sang chrétien en Orient comme en Occident. Le décret de Trajan était toujours en vigueur laissant sa férocité au peuple et les plus redoutables pouvoirs aux proconsuls et aux magistrats de l'Empire.

En bon philosophe, d'ailleurs, Marcus Aurélius ne pouvait aimer les chrétiens.

Sous son règne, Justinus plaida éloquemment la cause de Jésus-Christ et scellait sa plaidoirie de son sang.

Du moins, Antoninus Pius fit traiter en criminels les dénonciateurs des chrétiens.

La foi faisait dans les hautes classes les plus illustres recrues et jusque dans la famille impériale.

Marcus Aurélius, son neveu, lui succéda, philosophe, lui aussi, la persécution qu'il suscita fut terrible.

Chose étonnante, Marcus Aurélius le philosophe, répand le sang chrétien et il fait à la philosophie chrétienne de larges emprunts pour ses « Pensées, » tant l'influence du christianisme était déjà grande et pénétrante.

Marcus Aurélius voyait s'affirmer de jour en jour les conquêtes du christianisme sur le vieux monde, et tout le secret de son inimitié est là. Justinus avait élevé de nouveau la voix, mais en vain. Il expia sa foi et son courage sous la hache en compagnie de nombreux martyrs.

La persécution s'étendait de toutes parts et le miracle même ne l'arrêtait pas.

Pendant que Meliton, Athénagore et Apollinaire reprenaient la plume de Justinus, Dieu lui-même faisait éclater sa puissance à la prière de la légion fulminante qui, lorsque Marcus Aurélius, à la tête de ses troupes mourait de soif dans les défilés du Danube, l'inonda d'une pluie bienfaisante tandis qu'il réservait la foudre à ses ennemis épouvantés et vaincus sans combat.

Cependant, l'Eglise s'étendait d'Orient en Occident et gagnait jusqu'aux pays les plus reculés et les plus barbares. Il n'y avait déjà plus un coin de terre, si éloigné qu'il fut, où le culte du vrai Dieu ne fût connu; plus une nation, si féroce qu'elle pût être, qui n'eut reçu la vraie doctrine et adouci ses mœurs au contact de la sainteté.[1]

Le paganisme, tout entier, sentait qu'il perdait pied dans la lutte et s'apprêtait à machiner de nouvelles horreurs.

Les dénonciations étaient si nombreuses que les magistrats en étaient embarrassés et ne pouvaient suffire aux jugements et aux condamnations.

Quand le bon vouloir des juges essayait de sauver les accusés, le peuple les réclamait pour sa haine et sa férocité.

Mais l'Eglise grandissait toujours.

En 180, Commodus, l'indigne fils de Marcus Aurélius, lui succède et souille par ses vices et son insanité la pourpre

____

(1) Lactance. *Mort des Persécuteurs.*

impériale. Grâce à sa femme Marcia, chrétienne en secret, la paix de l'Eglise est à peine troublée.

Le mouvement chrétien, déjà si grand sous les règnes précédents, s'accentue encore sous celui-ci et parmi les illustres recrues de la foi, on compta la clarissime *gens* Aurélia tout entière.

Toutefois, il y eut encore du sang versé.

Dix ans de paix avaient favorisé l'Eglise.

Commodus était mort en 192, vouant l'Empire à toutes les fanges qui, dès lors, n'ont plus cessé de souiller la pourpre impériale.

Mis aux enchères et à l'encan, livré dans un ignoble marché, l'empire passait de main en main au plus offrant, d'Helvius Pertinax à Didius Julianus, puis à Pescennius Niger. Il était près de sombrer dans le gouffre comme un vaisseau désemparé lorsque Septimus Sévérus, soldat austère et avisé, parut le relever de sa honte.

Mais Dieu compte les heures de son agonie.

Septimus Sévérus se montra d'abord favorable aux chrétiens et ne craignit pas de disputer au peuple qui le réclamait le sang des nobles matrones, des sénateurs, des patriciens et des chevaliers qui avaient embrassé la foi.

Mais dix ans ne s'étaient pas écoulés qu'il versait à flots leur sang dans tout l'Empire. Il coula comme un torrent bondissant des plaies ouvertes d'une multitude de martyrs.

Le nombre des victimes, l'épouvantable barbarie des persécuteurs, jetèrent toute l'Eglise dans un tel affolement de terreur qu'elle crut arrivés les derniers jours du monde.

A Lugdunum, plus de dix-neuf mille chrétiens périrent au milieu des tourments.

Septimus Sévérus mourut dans la Grande-Betagne en 213.

Caracalla, son fils, lui succédait et le sang chrétien coulait toujours à flots.

L'Orient nage dans le sang. Les bûchers s'allument et

les amphithéâtres regorgent de condamnés aux bêtes. Toutes les villes sont décimées, chaque famille pleure la perte d'un de ses membres. Toute la société tremble sur sa base et tous ses rangs sont menacés, car les chrétiens sont partout.

La débauche et l'infamie étouffèrent Caracalla. Une honte plus grande était réservée à l'Empire. Héliogabale, son successeur, devait venir étaler les plus grandes turpitudes et périr dans un cloaque impur.

Alexander Sévérus lui succédait. Un peu de gloire pendant son règne rayonna sur l'Empire.

Il était bon, droit, généreux et ami des chrétiens dont il appréciait les vertus.

Déjà des temples s'élevaient au grand jour et la prière au Christ partait du sol au lieu de mourir dans les souterrains obscurs.

La paix était à peine troublée.

Cet excellent empereur périt assassiné à Mayence en 235 par Maximin l'un de ses officiers qui lui vola la pourpre et devint l'un des plus cruels persécuteurs des chrétiens pendant une période atroce de trois ans. Jamais bête plus venimeuse n'avait souillé la terre de ses pas. Got de naissance, il avait été pâtre dans les montagnes; grossier, bestial et féroce, il hait le christianisme avec une fureur et des raffinements que les autres empereurs n'avaient pas connus.

Il voulut anéantir l'Eglise de Jésus-Christ en frappant sans merci ses pasteurs. Car cet immonde empereur hésitait à frapper la foule des chrétiens dans la crainte de dépeupler l'empire et d'en faire un stérile désert.

Une grande multitude d'évêques périrent et toutes les églises furent incendiées et détruites.

Mais l'Eglise prospérait quand même.

Maximin fut assasiné à son tour par ses soldats en 238. Déjà le sénat avait voulu le détrôner en lui opposant quatre empereurs qui, tous, périrent assassinés.

Un enfant de douze ans, Gordianus, ramassa cette couronne sanglante et, dans un âge si tendre, montra une bonté et une sagesse peu communes.

Pendant six années, il fut l'orgueil des Romains qui l'idolâtraient, lorsqu'un arabe nommé Philippe le fit périr et s'empara de l'empire.

Contrairement aux prévisions que l'on pouvait tirer de son crime, il fut bon et sage et il se montra si favorable aux chrétiens que l'on croit qu'il embrassa le christianisme.[1]

Pendant ce temps là, la gloire et la prospérité rayonnaient sur l'Eglise. L'évêque Fabianus élevait de vastes constructions sur les cimetières et des temples au vrai Dieu s'élevaient partout sur le sol de l'empire.

De grands saints, d'éminents évêques, d'illustres docteurs surgissaient de partout. Origène brillait à Césarée; l'évêque d'Antioche Babylas, Théoctiste de Césarée, Alexandre de Jérusalem, Firmilien de Césarée en Cappadoce, tandis qu'en Occident s'élevait le grand Cyprien.

Des missionnaires partaient pour tous les coins du monde et la foi de Jésus-Christ épanouissait en paix sa floraison merveilleuse.

Déjà, l'Eglise voyait la nécessité de lutter contre de nouveaux ennemis qui la menaçaient dans l'erreur et la mollesse qui, succédant à tant de tribulations, menaçait ses forces les plus vives.

Elle dut rappeler à ses enfants par la bouche de Tertullien que tout n'était pas gagné et qu'il fallait bien se garder d'accoutumer à des bracelets des poignets que menaçaient toujours des chaînes.

Peut-être même, ce court bonheur amena-t-il un relâchement que bientôt Dieu allait arrêter par les ardeurs d'une nouvelle persécution.

(1) C'est l'opinion d'Eusèbe, de S. Jérôme, de Paul Orose et de S. Jean Chrysostome.

Philippe subit le sort du talion ; de même qu'il avait trahi et assassiné Gordianus, il fut trahi et assassiné par Décius en 249.

Celui-ci devait ouvrir une des persécutions les plus épouvantables dans toute l'universalité de l'empire.

Les chrétiens se trouvent en face de ce dilemme absolu : l'apostasie ou la mort. L'édit de Décius frappe la population chrétienne tout entière et particulièrement ses chefs.

Par les ordres de l'empereur, les chrétiens devaient être torturés jusqu'à ce qu'ils adorâssent les idoles et, en cas de refus, les tortures devaient aller jusqu'à la mort.

L'édit fut lu dans le camp des Prétoriens, envoyé à tous les gouverneurs et répandu dans tout l'empire.

Jamais pareille fureur n'avait été déployée, jamais les tortures n'avaient atteint une pareille férocité, jamais les martyrs n'avaient été plus nombreux.

Les grils ardents, les rateaux de fer, les chevalets, les chaises rougies au feu, les huiles bouillantes, le plomb fondu furent mis en œuvre pour déterminer l'aspostasie.

Il y eut des défections, certes, mais l'or s'épura dans l'ardente fournaise de la douleur.

L'Afrique nageait dans le sang. Toutes les provinces de l'empire en étaient inondés. Il n'y avait plus d'autre occupation pour les juges que de condamner les chrétiens.

Le dernier argument de César à bout de moyens était la mort.

Je ne dirai pas que, cette fois encore, il n'y eut pas de déplorables chûtes, ce serait trahir la vérité et oublier que la nature humaine n'est pas sans faiblesse. Il y en eut.

Mais l'empire lui-même était étrangement remué par ces horribles luttes et, de toutes parts, des désastres sapaient son agonisante grandeur.

Une peste affreuse désolait les provinces. Les barbares y accumulaient les ruines ; les Gots dévastaient l'Occident, les Perses l'Orient.

Les chrétiens soulageaient indistinctement quiconque souffrait, et on leur faisait un crime même de leur inépuisable charité.

Décius périt en 251, cerné dans un marais de la Thrace où les Gots l'avaient forcé de chercher un refuge.

Trois empereurs, Gallus, Volusianus et Emilianus lui succédèrent en peu de temps et furent massacrés par leurs propres soldats.

Le trône impérial tomba alors entre les mains de Valérianus qui devait être un de nos plus terribles persécuteurs.

Valérianus, d'abord favorable aux chrétiens, se laissa bientôt entraîner par les perfides conseils d'un de ses lieutenants, Macrianus, qui les haïssait.

Des édits furent publiés défendant aux chrétiens tout espèce de réunions.

C'était vouloir tarir la vie de l'Eglise et détruire sa liberté d'action. Elle ne pouvait se plier à ces tyranniques exigences et la persécution commença contre elle.

Elle fut atroce et produisit une grande quantité de martyrs. A leur tête furent les deux souverains pontifes Stéphanus et Sixtus Secundus, suivi du diacre Laurentus, dont j'ai redit l'histoire.

A Utique, il ne se trouvait pas assez de bourreaux tant le nombre des chrétiens était grand.

Deux cents martyrs furent précipités dans une fosse remplie de chaux vive, et le souvenir en reste dans l'Eglise sous le nom de martyrs de la *masse blanche*.[1]

A Cirtha,[2] les chrétiens furent massacrés par milliers, et pour les exécuter on les rangeait en longues files que les

---

(1) S. Augustin, Serm. 306 in Psalm. CXLIV. Cette *masse blanche* fut promptement partagée avec les reliques qu'elle contenait entre toutes les chrétientés du monde.

(2) Constantine.

bourreaux parcouraient en abattant les têtes au passage.

Le cours des fleuves en était arrêté et dérangé.

Et cependant, tant d'horreur fortifiait l'Eglise au lieu de l'abattre et de la ruiner.

C'était l'empire qui sentait trembler sa base, il semblait que le sang versé en corrodait les fondements.

Il était déchiré et le vent des catastrophes grondait sur la tête romaine.

De toutes parts, les barbares en franchissaient les frontières; la peste le ravageait dans toutes ses parties et les tremblements de terre secouaient son sol incertain.

Valérianus lui-même allait payer ses crimes, et la vengeance divine s'appesantir lourdement sur lui. Vaincu et fait prisonnier par Sapor, roi des Perses, il lui servit d'infâme jouet.

Oui, on a vu un empereur romain forcé de se mettre à genoux, de courber le dos comme un esclave et de servir de marche-pied au roi des Perses pour monter sur son cheval.

Et comme si tant d'ignominies ne suffisaient pas à humilier un César, Sapor le fit écorcher vif et suspendre dans un temple comme un trophée, la peau tannée d'un empereur romain!

Et il semblait que l'empire lui-même subissait le même sort et que toutes les calamités fondaient à la fois sur lui.

De tous côtés, les barbares violaient ses frontières. La peste le ravageait partout; la terre tremblait et jetait l'épouvante parmi les populations des villes et des campagnes.

Et devant de pareils événements, on se demandait avec effroi si le monde n'était pas à la veille de sa fin.

Enfin, pour comble de confusion, l'anarchie déchirait la pourpre impériale, et trente aventuriers, plus tyrans les uns que les autres, s'en partageaient les lambeaux pendant que l'empereur Galianus, fils indigne et indolent de Valérianus, les regardait faire d'un œil découragé.

Pendant que l'empire était en proie à ces convulsions

intestines, l'Eglise, contre tout espoir, goûtait un peu de paix et consacrait toutes ses forces à combattre les traîtres à la foi orthodoxe qui s'élevaient dans son sein.

Pendant ce temps là, l'empire dévorait ses Césars et les noyait tour à tour dans leur propre sang.

Galianus périt assassiné en 268, Claudius lui succéda, puis Quintillus qui régna à peine un mois et laissa en 270 le trône à Aurélianus qui, d'abord, ne songea qu'à combattre les ennemis de l'empire, ce qu'il fit avec valeur et succès.

Mais, au retour de ses glorieuses expéditions, la maladie de la persécution le prit ; poussé à la fois par le sénat et par le peuple qui avait soif de sang, aussi par superstition et par haine pour une religion qui lui était surtout connue comme opposée au culte du soleil, dont sa mère était une des prêtresses, il se décida à faire promulguer dans tout l'empire des édits sanglants.

Les martyrs furent très nombreux cette fois encore dans toutes les provinces et surtout en Gaule.

Aurélianus attendit cinq ans le châtiment, et il périt assassiné. Probus lui succéda et donna à l'empire six années de gloire. Soldat, il fut massacré par ses soldats et la pourpre revêtit Carinus pour passer, neuf mois après, sur les épaules de Numérianus ; il régna deux ans et laissa l'empire à Dioclétianus qui laissa l'Eglise en paix pendant près de dix-huit ans, quoiqu'il la détestât.

VII

— Maintenant, ô Gaulois, dis-moi si le sang des martyrs
n'a pas été vraiment une merveilleuse semence de chrétiens,
comme le disait Tertullianus, un de nos plus éminents
docteurs.

« Justinus, dès le commencement de ce siècle, disait déjà
qu'il n'y avait pas de peuple chez lequel on ne rencontrât des
croyants à Jésus-Christ. Irénée, le grand pasteur de la cité
et du pays de Lugdunum, disait aussi que l'Eglise s'était déjà
étendue sur toute la terre et avait gagné les plus lointaines
extrémités du monde.

» Nous ne sommes que d'hier, s'écriait Tertullianus, et
déjà nous remplissons tout ce qui est à vous. Nous ne vous
laissons que vos temples. Si seulement l'envie nous prenait
de nous séparer de vous pour nous retirer dans quelque pays
lointain, la perte de tant de citoyens déconcerterait votre
puissance. Vous frémiriez sur la désolation et le silence d'un
monde éteint et vous chercheriez des hommes à qui
commander. »

» Dix fois, les tyrans ont déchaîné leur rage contre nous
dans des persécutions atroces, dix fois, ils ont cru avoir

éteint le nom chrétien et toujours le nom chrétien s'est relevé plus vivant et plus radieux, car il est éternel comme celui du Christ lui-même.

» La ville des Césars ne possède pas un quartier dans lequel nous n'ayons une église.[1] L'Italie est pleine de centres chrétiens.

» Paulinus a évangélisé Luca, [2] Romulus a porté la foi à Fiésole, Apollinaris à Ravenna,[3] Anathalon à Médiolanum, l'évangéliste Marc à Aquiléa,[4] Zamas à Bononia[5] où il fut envoyé par l'évêque Dyonisius. Zéno, premier évêque de Vérona,[6] a péri pour la foi sous Gallianus, Patrobas, premier pasteur de Putéoli,[7] y fut envoyé par le grand Paul.

» Photinus à Capua, Asper à Néapolis,[8] Philippe d'Argyrium à Panormus,[9] Marcianus à Syracusæ[10] prêchaient aux temps apostoliques.

» En Afrique, l'illustre cité de Carthage, dont les relations commerciales s'étendaient dans le monde entier, avait au commencement de ce siècle, un pasteur dont l'autorité régissait tout le pays compris depuis le désert de Barca jusqu'à l'Atlantique. C'est à Carthage que récemment l'évêque Agrippinus a convoqué un synode qui a réuni soixante-dix pontifes.

» Au temps de Tertullianus, la foi en Jésus-Christ éclairait déjà les Gétules et les Maures, peuples nomades et perdus dans la profondeur des gorges et des vallées de l'Atlas.

» Trois provinces ecclésiastiques divisent le nord-ouest de l'Afrique, c'est l'Afrique proconsulaire, la Numidie et la Mauritanie.

---

(1) On comptait près de quarante églises à Rome à l'avènement du pape S. Sylvestre.

(2) Lucques.	(3) Ravenne.	(4) Aquilea.
(5) Bologne.	(6) Vérone.	(7) Pouzzoles.
(8) Naples.	(9) Palerme.	(10) Syracuse.

» L'Ibérie reçut des envoyés apostoliques dès le commen-
ment. Je t'ai parlé de la Gaule. Sur les rives du Rhin, dans
la Germanie supérieure et inférieure, Augusta Trévirorum,[1]
Oppidum Ubiorum,[2] Mogontiacum,[3] Aduatuca,[4] Novio-
magnus[5] sont autant de foyers d'où rayonne l'évangile.

» Les pays du Danubius,[6] le Norique, la Vindélicie et la
Rhétie[7] sont peuplés de chrétiens surtout dans les principales
cités, à Lauréacum, Augusta Vindélicorum et Tridentun.[8]

» La Britannia[9] ne compte plus ses chrétiens et leur
sang a coulé à flots pour la foi.

» La Thrace, l'Hœmimontus, le Rhodop, la Scythie et la
Mésie inférieures ont, sur la rive septentrionale de la Médi-
terrannée, des églises florissantes.

» En Macédoine, Thessalonique, Philippe, Berœ sont
des centres de foi. Athènes l'antique, Bysance la jeune
adorent Jésus-Christ.

» Tout l'Orient présente le même spectacle. De Jéru-
salem, son berceau, l'Evangile s'est répandue dans toute la
Palestine, la Phénicie et la Syrie. Césarée de Palestine,
Tyr, Sidon, Ptolémaïs, Béryte, Tripoli, Biblos, Séleucie,
Apamée, Hiérapolis, Samosate, Antioche resplendissent
de foi.

» Dans l'Arabie romaine, Bosra ; dans l'Osroène, Edesse
la capitale, sont depuis longtemps chrétiennes.

» En Mésopotamie et en Chaldée, Amide, Nisibe,
Séleucie et Ctésiphon sont célèbres.

» L'Asie Mineure où prêcha le grand Paul, a ses sièges
illustres ; c'est Ephèse, c'est Laodicée, c'est Pergame, Phila-
delphie, Théatire, Tarse, Mopsueste, Smyrne, Iconium,

(1) Trèves.   (2) Cologne.   (3) Mayence.
(4) Tongres   (5) Spire.   (6) Danube.
(7) Autriche, Bavière, Tyrol et Grisons.
(8) Larch, Augsbourg, Trente.
(9) Grande Bretagne.

Myre, Milet, Antioche de Pisidie, Corinthe, Nicée, Chalcédoine et tant d'autres.

» Crète, Chypre et l'Archipel sont pleins de chrétiens. L'Arménie et la Perse ont connu le nom de Jésus-Christ.

» En Egypte, Alexandrie, Maucrates, Phtionté, Pélusium, Panéphyse, Memphis et Héraclée ont des évêques. En Thébaïde, Hermopolis, Lycopolis ont des pasteurs et Ptolémaïs est le centre partriarchal de la province de la Pentapole.

» Le monde entier a reçu déjà la parole de vie. Et dans le monde entier, ô merveille divine! éclate la splendeur du nom chrétien quand le seul fait de le porter passe pour un crime capital et est puni comme tel!

» Partout se dressent les obstacles les plus terribles contre Jésus-Christ : les mœurs, les habitudes, les croyances, la législation, les légendes, la vie publique et privée, le matérialisme des classes élevées, l'attachement héréditaire aux idoles dont le culte est la force même des états qui, ébranle profondément la chute de chaque autel. De plus, à une religion de volupté, Jésus-Christ substitue une religion de pureté, d'abnégation, de charité. Le titre de chrétien exclut de toutes les jouissances coutumières de la vie courante. Plus de spectacles, de fêtes, de repas, l'abstinence et la mort.

» Et les peuples accourent en foule, et les peuples se soumettent, et les peuples sont chrétiens!

» Voilà la prodigieuse puissance de Jésus-Christ; n'est-ce pas là un résultat divin?

» Le peuple chrétien, comme l'a dit Justin, est un cep planté par Dieu le Père et par Jésus-Christ le Sauveur, et de même que l'on taille souvent les branches fécondes de la vigne pour faire naître des bourgeons plus abondants et plus forts, c'est ainsi que les païens, sans le vouloir, en usent avec nous.

Frères, convertissez-vous à la lumière, ouvrez les yeux à la vérité,
car je vous l'annonce, faible écho des paroles magistrales et sublimes
qui sont tombées dans mon cœur. (P. 172.)

» En effet, ils n'ont trouvé rien de mieux que les persécutions, les supplices et la mort contre nous, et le résultat est contraire à toutes leurs espérances !

» Comment nier, après cela, la divinité d'une telle religion ! Eux-mêmes ne le peuvent plus, ils sont presque vaincus !

» Leurs philosophes ont essayé de seconder le glaive des bourreaux et de battre en brèche par des arguties et des sophismes l'admirable philosophie du Christ et nos plus radieuses croyances. Tour à tour, ils lancent contre nous des arguments ou des imposteurs, dont ils cherchent à faire passer les jongleries pour des miracles égaux à ceux de l'Homme-Dieu.

» Mais nos apologistes, nos docteurs, les faits eux-mêmes dans leur simple évidence, mettent à néant leurs efforts infructueux et stériles.

» Ce n'est pas tout, hélas ! Même parmi nous, nous avons des ennemis, plus terribles encore, peut-être, que les ennemis du dehors et dont nous avons toujours triomphé.

» Ennemis terribles qui retournent contre nous les armes qu'ils nous doivent.

» A peine constituée, l'Eglise a du lutter pour conserver intacte et à l'abri des interprétations erronées, la parole sacrée qui lui avait été confiée par Jésus-Christ, son divin fondateur.

» Toujours elle a dû se tenir en garde contre les systèmes humains habilement appuyés sur la parole divine et tendant à en fausser le sens précis.

» Les difficultés de son gouvernement eussent été insurmontables sans le secours de l'Esprit-Saint.

» — Quel est donc, ô chrétien, dit le Gaulois sortant enfin de son silence profond, l'exacte vérité sur Dieu ? »

Le Romain se recueillit un instant et répondit en ces termes.

⸺⸻◦◦◦◦≋◦◦◦◦⸻⸺

VIII

L'INFRANGIBLE FOI.

— Sache qu'un homme indigne qui avait compté parmi
nous comme un pasteur, a erré de telle sorte et entraîné tant
de gens dans son erreur qu'il a été nécessaire de lui montrer
catégoriquement son erreur en faisant éclater la vérité pure.

« Paul de Samosate, qui jouissait d'une notoriété immense
dans tout l'Orient et couvrait ses hérésies de la faveur
impériale, mérita que six de ses frères, Hymœneus, évêque
de Jérusalem, Théophile, Théoctecne, évêque de Césarée en
Palestine, Proclus et Bolanus, évêque de Bosra, lui écri-
vissent une lettre dans laquelle tu trouveras notre doctrine
dans toute sa pureté.

» Déjà — lui écrivirent-ils — dans une conférence publique, nous nous sommes réunis avec vous et nous vous avons
déclaré notre sentiment.

» Mais, pour donner plus de méthode et de clarté à notre
exposition de principes, il nous semble convenable de résumer
ici par ordre les dogmes traditionnels qui ont été transmis
jusqu'à ce jour au sein de l'Eglise par les apôtres, témoins
et ministres du Verbe, dont l'enseignement promulgué sous
la Loi nouvelle forme un ensemble appuyé sur l'Ancien

Testament, les prophètes et la révélation de Jésus-Christ.

» Il n'y a qu'un Dieu non engendré, sans principe, invisible, immuable, que nul entre les hommes n'a vu ni ne pent voir, dont la gloire et la grandeur dépassent toute intelligence humaine.

» La notion de Dieu telle qu'il est donné à notre infirmité de la concevoir, nous a été révélée par son Fils.

» Il est écrit, en effet : « Nul ne connaît le Père, sinon le Fils, et celui auquel le Fils l'a révélé.[1] »

» Quant à ce Fils, nous confessons et déclarons, conformément à la doctrine de toutes les Ecritures, qu'il a été engendré; qu'il est le Fils unique, image du Dieu invisible, premier-né de toute créature, sagesse, Verbe et vertu de Dieu avant tous les siècles.

» Fils de Dieu, non par prescience, mais substantiellement et hypostatiquement.

» Quiconque oserait soutenir que le Fils de Dieu ne préexistait pas à tout commencement; quiconque dit : « Croire et professer que le Fils est Dieu serait admettre l'existence de deux divinités, par conséquent le Fils n'est pas Dieu; » celui-là nous le regardons comme un hérétique.

» Sur ce point, toutes les églises de la catholicité sont d'accord avec nous parce que les textes des Livres saints sont unanimes à déclarer que le Fils de Dieu est Dieu comme son Père.

» Le Fils est inséparable du Père.

» Nous croyons que c'est le Fils qui, accomplissant le décret paternel, a créé le monde.

» C'est le mot de l'Evangile : « Tout a été fait par le Verbe, rien sans lui.[2] »

» Ainsi, le Fils coexiste et opère véritablement comme Verbe à la fois et comme Dieu.

(1) Matth. xi, 27.   (2) Jean i-3.

» C'est par lui que le Père a fait toutes choses, mais non point comme par un instrument, ni par une vertu sans hypostase. Non. Le Père a engendré le Fils comme une énergie vivante, subsistante par elle-même et opérant tout en toutes choses.

» Le Fils n'a pas seulement assisté comme témoin à l'acte de la création : c'est lui qui opérait d'une manière active et appelait les êtres du néant à la vie.

» L'Ecriture nous apprend que le Fils apparut à Abraham sous le chêne de Mam-Ré.

» Par l'ordre du Père, il s'est manifesté aux patriarches, tantôt sous le nom de Dieu et de Seigneur, tantôt sous le titre d'Ἄγγελος « Envoyé. »

» Car le Fils est réellement l'envoyé de Dieu le Père, bien qu'il soit lui-même Seigneur et Dieu.

» Le Fils de Dieu dont l'Ecriture déclare si formellement la divinité est préfiguré dans l'Ancien Testament comme homme.

» C'est ce que l'Apôtre enseigne lorsqu'il dit : « Qu'était l'antique Loi? Une barrière posée contre la transgression jusqu'à l'avènement du Fils de la promesse ; une constitution régie par les anges, sous la main du Médiateur. Et le Médiateur entre Dieu et l'homme, c'est Jésus-Christ, Fils de Dieu, Dieu et homme à la fois.[1] »

» Enfin, nous croyons et professons que le Fils coexistant avec le Père et comme lui Dieu et Seigneur de toutes les créatures, fut envoyé du Ciel par le Père, et que, s'incarnant, il s'est fait homme.

» Dans ce grand acte de l'Incarnation, le corps pris au sein de la Vierge est devenu « l'habitacle où réside corporellement la plénitude de la divinité.[2] »

(1) S. Paul, Galates, iii, 19-i. Thimoth. ii, 5.
(2) S. Paul, Colosses. ii, 9-19.

» Il fut uni à la divinité d'une manière indissoluble; il fut déifié.

» Voilà pourquoi Jésus-Christ est, à la fois, Dieu et homme. Tel l'Ancien Testament et les prophètes l'avaient annoncé; tel le reconnaissent et l'adorent toutes les Eglises du monde, qui croient avec l'Apôtre que, dans sa personne, « l'égal de Dieu s'est anéanti lui-même nous apparaissant comme le Fils de David selon la chair.[1] »

» C'est comme Dieu que Jésus-Christ opérait les miracles décrits par l'Evangile.

» C'est comme homme que, participant à toutes les infirmités de la chair, sauf le péché, il a subi la tentation, la souffrance et la mort.

» Voilà les points principaux de notre croyance. « Si vous ne les admettez pas vous ne participez pas à notre foi.[2] »

» Mais le pasteur orgueilleux et dissident ne se soumit pas et, peu de temps après, les Pères de la foi réunis à Antioche en un concile solennel, condamnèrent Paul de Samosate après avoir formulé leur profession de foi et celle de toute l'Eglise en ces termes :

« Nous confessons que Jésus-Christ, notre Seigneur, engendré du Père avant les siècles, s'est incarné en ces derniers temps dans le sein de la Vierge; qu'il n'y a en lui qu'une seule personne mais qu'il réunit les deux natures divine et humaine.

» Tout entier Dieu, tout entier homme, il est Dieu avec le corps, mais ce n'est pas en raison du corps qu'il est Dieu.

» Tout entier homme avec la divinité, ce n'est point en raison de la divinité qu'il est homme.

» Ainsi, il est tout entier adorable avec le corps, bien que ce né soit pas en raison du corps qu'il est adorable.

(1) Philipp. ii, 7, Rom. i, 3.
(2) Lettre des évêques susnommés à Paul de Samosate. (Darras, *Hist. de l'Egl.*).

» Tout entier adorateur avec la divinité, ce n'est pas selon la divinité qu'il est adorateur.

» Tout entier incréé avec le corps, bien que, selon le corps il ne soit point incréé.

» Tout entier informé avec la divinité, bien que selon la divinité il n'ait pas été formé.

» Tout entier consubstantiel à Dieu, même avec le corps, bien que ce ne soit pas selon le corps qu'il est consubstantiel à Dieu.

» Par la même raison, ce n'est pas selon la divinité qu'il est coessentiel aux hommes, bien que, selon la chair, et même avec sa divinité, il soit coessentiel aux hommes.[1] »

» Telle fut la profession de foi du Concile d'Antioche.

» Quand le pape Dyonisius en fut informé par les tabellarii apostoliques, il confirma solennellement la sentence portée contre Paul de Samosate et écrivit aux évêques d'Orient une lettre dans laquelle on lisait ceci :

« Notre foi à l'Incarnation est celle que nous ont transmise les apôtres.

» Nous croyons que Jésus-Christ Notre-Seigneur, né de la Vierge Marie est le Verbe, le Fils éternel de Dieu et non pas un homme élevé par Dieu à cet honneur, de telle façon qu'il serait autre que Dieu même.

» Le Fils de Dieu n'a pas choisi un homme pour se l'associer, de telle sorte qu'il y aurait deux personnes en Jésus-Christ.

» En s'incarnant au sein de la Vierge, le Verbe, Dieu parfait, est devenu homme parfait.[2] ».

— Et toi, Gaulois, prêtre d'Hésus, dit Félix en se levant et en indiquant le Ciel, que penses-tu d'une telle doctrine?

— Le sceau divin, dit le Gaulois pensif, l'a marquée au

(1) Labbe, Concil. t. iii, coll. 980.
(2) Patrol. lat., t. v. col. 143.

front pour jamais! Mais qu'admirer davantage ou la magnificence de la doctrine ou sa publicité? Quoi! vous livrez aux foules de pareilles révélations! Non contents d'avoir reçu la vérité, au lieu de la garder jalousement pour vous seuls, vous la publiez, vous la distribuez aux peuples comme un pain vivant, unique et substantiel, et tant de lumière n'aveugle pas ceux que vous voulez éclairer! Voilà, voilà le cachet de la vérité, c'est d'être universelle, c'est d'être unique, c'est d'attirer tout à elle, c'est de se répandre uniformément en rosée bienfaisante sur toutes les âmes. Jusqu'ici, les sanctuaires jaloux cachaient à tous le peu de lumière qu'ils possédaient et laissaient croupir le peuple dans l'idolâtrie la plus infâme et les croyances les plus viles. Chez vous, il n'en est pas de même et le plus humble des chrétiens peut en savoir autant que le plus haut placé parmi les pontifes. O chose admirable, spectacle sublime que l'on prendrait facilement pour un rêve et qui est une réalité qu'attestent les témoignages les plus grands et les dévouements les plus saints!

— Tu as bien parlé, dit Félix, et la lumière est descendue dans ton âme. Quitte donc les erreurs qui ont bercé ton enfance et donné à ton adolescence une nourriture insuffisante et précaire et de l'ombre au lieu de clarté. Viens à nous, nous avons la lumière, nous possédons le pain vivant descendu du ciel qui donne la vie éternelle à celui qui le mange et s'en nourrit, et quand tu auras reçu cette illumination que donne le sacrement de la régénération, tu deviendras, parmi tes frères, un prophète et un ange.

Le Gaulois secoua la tête.

— Penses-tu, dit-il, qu'il soit si aisé de disputer ce sol à Hésus? Ah! connais-tu si peu la Gaule et le sang qui coule dans ses veines? Les armées romaines ont défriché les bois et chassé devant elles les antiques autels du culte national, mais il vit, ses racines sont profondes et toujours capables de donner de nouvelles pousses. On ne m'écouterait point.

Le peuple me sacrifierait à sa fureur et les druides à leur
intérêt, je ne serais pas pour eux un messager de lumière
mais de ruines et les bardes chanteraient en mélopées plain-
tives au refrain triomphant, l'histoire de l'insensé qui, laissant la faucille d'or qui lui était donnée pour couper le gui
sacré, a pris la hache pour abattre le chêne, palladium de la
religion nationale.

« Oui, j'irai parmi mes frères, je parlerai de ton Dieu
qui est désormais le mien, mais je n'ignore pas que la vengeance est suspendue sur ma tête.

» Cependant, ne tarde pas, répands sur ma tête l'eau
sainte et régénératrice; tu m'as convaincu, je veux être
chrétien et la source qui jaillit ici nous invite à ne pas
remettre au lendemain ce qui peut être fait le jour même. »

— Je bénis Dieu, dit Félix, de t'avoir converti; prends
un peu de patience et viens à Lugdunum. Dans l'antique
bois où la légende des bateliers prétend que reviennent, les
nuits de lune favorable, les fantômes de tes pères, se trouve
un sanctuaire élevé sur une grotte sainte où notre vénérable
Père Pothinus réunissait les fidèles pour les sacrés mystères. Viens-y avec moi et l'évêque lui-même te donnera le
baptême et l'onction.

Le Gaulois avait dressé l'oreille, il percevait un bruit
qui échappait à son compagnon et qui paraissait l'inquiéter.

Le Romain prêta l'oreille à son tour. Il n'attendit pas
longtemps. Cette fois, le bruit était net, des êtres humains se
rapprochaient, cernant la place.

— Tu nous trahis, Damh! dit la voix sévère d'un homme
qui venait de bondir d'un fourré voisin.

Aussitôt, d'autres hommes apparurent.

— Tu nous trahis, Damh! répétèrent-ils en chœur.

— Ne suis-je pas libre de mes actes? demanda le Gaulois
avec une calme dignité. De quel crime m'accusez-vous donc?

— Eh quoi, dit un vieillard à longue barbe blanche et vêtu

de lin blanc, tu le demandes? Sache donc que, depuis longtemps déjà, nous connaissons tes relations avec cet homme et
sommes informés des rendez-vous mystérieux qui vous
réunissent auprès de cette fontaine. Damh! Damh! tu trahis
le culte de tes pères, déjà blasphémé par l'infamie romaine
et tu conspires, non à l'altérer dans l'esprit du peuple comme
l'ont fait les Romains à Lugdunum et partout où se sont
posés leurs pieds maudits, mais à l'anéantir, à dépouiller de
sa couronne de chêne le sacerdoce auguste d'Hœsus. Prêtre
indigne du Gui divin, ton souffle aspire à le sécher à jamais
dans ces bois vénérables où la tradition des siècles murmure
son immortel cantique à la gloire sans tache de Ram!

« Nous ne pouvons permettre un tel sacrilège, mais nous
ne sommes pas ici pour te juger, l'archidruide devant qui tu
comparaîtras avec ce fauteur de désordre et d'imposture que
tu as écouté d'une oreille trop complaisante, appréciera ta
conduite et prononcera la sentence de ton jugement. Qu'on
les emmène! »

Le Gaulois jeta un regard de désolation sur la fontaine et
reporta les yeux sur le prêtre Félix en lui disant sur un ton
de doux reproche :

— L'eau était là, comment l'as-tu oubliée pour te fier à
une autre minute que l'instant présent!

— Courage et confiance, Damh! dit Félix, l'eau n'est pas
nécessaire, la baptême du désir et celui du sang ouvrent
aussi le ciel.

Et il tendit ses mains, de lui-même, aux cordes dont on
allait le lier.

Quant au Gaulois, par respect pour son caractère de
druide, il fut laissé libre à la garde de deux guerriers.

Et la caravane s'enfonça dans la forêt profonde.

. . . .

IX

LE BAPTÊME DU SANG.

La nuit était venue, opaque, sous le couvert des grands bois. Pour éclairer la route, des torches furent allumées dont la blafarde et fuligineuse lueur faisait paraître les fourrés peuplés d'ombres fantastiques et dansantes.

Toute la troupe marchait en silence et les deux prisonniers eux-mêmes ne pouvaient se parler, car ils étaient séparés non par méchanceté mais par un simple contre-temps.

Tantôt on marchait à grand peine au milieu des ronces qui déchiraient les pieds, des lianes enchevêtrées qu'il fallait abattre avec la hache ou des branches basses qui fouettaient le visage ; tantôt, au contraire, des routes tracées et défrichées offraient un chemin plus facile et plus sûr.

Des bêtes sauvages, sangliers et chevreuils fuyaient effarées et troublées, et parfois une vipère dressait sa tête plate et sifflante sur quelque sentier rocailleux lançant par ses yeux ronds et fixes des éclairs d'escarboucle.

On passa à côté de plusieurs villages formés de huttes pointues et silencieuses du sommeil de leurs habitants.

Enfin, vers les deux tiers de la nuit, on arriva au milieu

d'une immense clairière. Un vaste dolmen dressait au milieu sa table de pierre. La troupe s'arrêta.

Bientôt, d'un amas de huttes sortirent des hommes au port majestueux, vêtus de blanc, la figure ornée d'une grande barbe blanche qui se mêlait aux boucles argentées de leurs cheveux. Puis des femmes à l'air inspiré, sauvages velléda3 qui étaient les prêtresses du gui sacré. Sous le chêne le plus gros et sur un banc de verdure, un grand vieillard s'assit d'un air sévère et pontifical. C'était l'archidruide.

Autour de lui les autres druides se rangèrent avec respect tandis que les femmes faisaient cercle d'un air fatal.

Les deux prisonniers furent amenés devant le grand pontife d'Hésus.

— Déliez cet homme, dit-il, ce sol est celui de la liberté.

On délivra Félix de ses liens. L'interrogatoire commença.

— Damh, prêtre d'Hésus, dit l'archidruide, ta trahison est enfin découverte ; qui donc eut pu penser que tu irais puiser auprès des chrétiens un poison qui doit sécher la religion du Gui sacré et insulter la face auguste de Ram ! Par mes ordres, des espions fidèles t'ont suivi, ont assisté à tous tes rendez-vous et recueilli tous tes entretiens. Abandonne les abominables doctrines auxquelles tu as prêté l'oreille avec une faiblesse indigne d'un druide et tu reprendras ta place parmi nous. Quant à celui-ci qui t'a séduit et a collaboré avec les Romains au trépas espéré de la Gaule et de ses traditions antiques, il mourra. Réponds.

Damh se recueillit un instant, regarda en face l'archidruide, puis jetant un regard à la ronde :

— Archidruide, dit-il, druides, poétesses des Gaules, bardes et guerriers, écoutez la vérité de ma bouche :

« Le monde entier est dans les ténèbres, un soleil s'est levé, c'est le Seigneur Jésus-Christ que prêchent Félix et ses frères et pour lequel ils donnent tous les jours jusqu'à la dernière goutte du sang de leurs veines.

» Ecoutez-moi et je vous dirai les merveilles de Jésus-Christ devant qui vont s'éclipser tous les cultes du monde. »

Alors, il exposa tout ce qu'il savait et tout ce qu'il avait appris de la bouche de Félix. Il parlait avec une éloquence sobre, convaincue et convaincante.

Profondément versé dans les mystères philosophiques du culte du gui, il les suivait pas à pas établissant un parallèle entre leur sens figuratif et l'auguste réalité des mystères chrétiens. Il montra que la Gaule avait pressenti la vraie religion que Jésus-Christ devait donner au monde.

Il parla de la Vierge vénérée dans les forêts d'Autricum comme devant donner ce Fils de la promesse que les peuples attendaient dans une consolante et poétique espérance.

Il la montra, dans toute sa gloire de femme excellente, par la pureté virginale de sa nature, les grâces qui devaient l'illustrer, le miracle dont elle devait être l'objet.

— Sachez, dit-il, que cette vierge auguste a paru il y a bientôt trois cents ans et qu'elle a mis au monde le Sauveur attendu et ce Sauveur c'est le Christ Jésus.

« Ah ! s'écria-t-il, la Gaule sera grande, parce qu'elle aura pressenti le mystère sublime de la Vierge qui devait enfanter ; elle sera grande, parce qu'elle aura pressenti le vrai Dieu et le vrai Dieu l'aimera et il en fera sa fille aimée de préférence aux autres nations qui se seront levées contre son règne.

» Frères, convertissez-vous à la lumière, ouvrez les yeux à la vérité, car je vous l'annonce, faible écho des paroles magistrales et sublimes qui sont tombées dans mon cœur. »

Mais un sourd murmure accueillit ses paroles et tous les yeux se tournèrent vers l'archidruide en demandant avec une muette éloquence la mort pour l'audacieux qui voulait anéantir la religion antique d'Hésus.

L'archidruide comprit ce muet scrutin et élevant la voix :

— Je t'ai laissé parler, Damh, dit-il, nous ne pouvons

reconnaître le Dieu que tu prêches. Ceux de Rome, si ignobles soient-ils, s'adaptent aux croyances populaires et ne détruisent pas notre religion, mais le tien est un Dieu absolu qui n'aspire qu'à régner sur des ruines et à mettre en cendres tout ce qui n'est pas lui. Ce Dieu là, nous ne pouvons l'accepter ni lui sacrifier l'âme même de la patrie et la religion gauloise. Tu sais que nos lois punissent de mort le crime dont tu t'es rendu coupable. Retracte-toi ou meurs.

— Jamais, dit Damh avec énergie, celui dont les yeux sont ouverts ne peut les refermer. Je te demande seulement une grâce avant que la francisque tranche le fil de mes jours, donne-moi à boire de l'eau fraîche puisée à la source qui coule au fond de la clairière.

— Soit, dit l'archidruide, qu'on le satisfasse.

Un guerrier courut chercher de l'eau dans son casque.

Damh le prit avec empressement et, au lieu de boire :

— Tiens, Félix, voici de l'eau, s'écria-t-il.

A genoux, il inclinait la tête pour recevoir le baptême, lorsque le guerrier s'écria en renversant le casque :

— Traître, tu ne voulais pas boire, mais être baptisé!

Et, d'un coup de sa francisque, il abattit la tête du néophyte. L'eau et le sang se mélangèrent, double baptême sur lequel Félix prononça les paroles saintes qui ouvrent les barrières éternelles aux âmes régénérées.

Peu de temps après, il subissait le même sort et l'Eglise comptait deux martyrs de plus, dont jamais le martyrologe ne devait prononcer les noms connus de Dieu seul.

L'aurore virginale éclatait dans le ciel, perçant de ses rayons joyeux le dôme verdoyant des grandes futaies....

CONCLUSION.

Une autre aurore allait se lever à l'horizon de l'empire et du monde.

Bientôt, l'Eglise allait pouvoir dire :

— Où sont-ils ? Je ne suis même pas passée, et ils ne sont plus ! Où sont-ils, mes ennemis farouches ? Ils ont épuisé leur force contre ma faiblesse. Je les ai vaincus en les regardant se lasser.

Bientôt, l'Eglise va être trois fois victorieuse, trois fois couronnée !

La force matérielle d'un immense empire se sera ruée sur elle pour l'écraser de tout son poids et l'empire croulera devant l'Eglise debout, gigantesque, inébranlable !

Le philosophisme païen aura voulu opposer à l'Eglise ses antiques conceptions adaptées à la révélation chrétienne, et, oubliant qu'on ne rapièce pas la robe usée d'Isis ni le voile troué des symboles, il n'aura réussi qu'à montrer au monde un drapeau disparate fait de lambeaux sans solidité et de couleurs sans harmonie.

Et l'Eglise lui aura montré que sa doctrine neuve, intégrale, précise et divine n'a que faire, en son absolue synthèse, de ce qui n'est pas elle.

Les sages aussi, auront passé avec leur humaine sagesse qui aura pris le reflet pour la lumière et les chatoiements du serpent antique pour les éclairs de l'œil éternel et divin.

Enfin, l'hérésie aura fait mille efforts pour introduire dans le Symbole l'erreur, comme la mouche met ses œufs dans la saine nourriture, afin de la corrompre par une génération de larves. L'Eglise s'est levée triomphante devant l'hérésie et l'a condamnée à tourner dans le cercle éternel et vicieux du même fond d'erreurs qui ne sera point rajeuni.

Déjà, les nuages se dissipent. Une promesse de soleil réchauffe le cœur du monde chrétien, l'heure va sonner du grand triomphe, et la Croix resplendir au grand jour sur tous les sommets et jusque sur le front orgueilleux et dompté des Césars.

TABLE DES MATIÈRES.

Tournai, typ. Casterman